Kinder psychisch kranker Eltern stärken

Albert Lenz

Kinder psychisch kranker Eltern stärken

Informationen zur Förderung von Resilienz in Familie, Kindergarten und Schule

2., vollständig überarbeitete Auflage

hogrefe

Prof. Dr. Albert Lenz, Studium der Psychologie, Soziologie und Pädagogik in München. 1994–2017 Professor für Klinische Psychologie und Sozialpsychologie an der Kath. Hochschule Nordrhein-Westfalen, Abteilung Paderborn, Fachbereich Sozialwesen. Mitbegründer des Instituts für Gesundheitsforschung und Soziale Psychiatrie (igsp) an der Kath. Hochschule Nordrhein-Westfalen. *Arbeits- und Forschungsschwerpunkte:* Kinder psychisch kranker Eltern, Kooperation Psychiatrie und Jugendhilfe, Empowerment und Soziale Netzwerke, psychosoziale Beratung und Krisenintervention.

Bibliografische Information der Deutschen Nationalbibliothek
Die Deutsche Nationalbibliothek verzeichnet diese Publikation in der Deutschen Nationalbibliografie; detaillierte bibliografische Daten sind im Internet über http://dnb.dnb.de abrufbar.

Die erste Auflage des Ratgebers ist 2013 unter folgender Autorenschaft und mit folgendem Titel erschienen: Albert Lenz/Eva Brockmann: Kinder psychisch kranker Eltern stärken. Informationen für Eltern, Erzieher und Lehrer

Hogrefe Verlag GmbH & Co. KG
Merkelstraße 3
37085 Göttingen
Deutschland
Tel. +49 551 999 50 0
Fax +49 551 999 50 111
info@hogrefe.de
www.hogrefe.de

Umschlagabbildung: © stock.adobe.com / Yakobchuk Olena
Satz: Franziska Stolz, Hogrefe Verlag GmbH & Co. KG, Göttingen
Druck: mediaprint solutions GmbH, Paderborn
Printed in Germany
Auf säurefreiem Papier gedruckt

2., vollständig überarbeitete Auflage 2022

(E-Book-ISBN [PDF] 978-3-8409-3017-1; E-Book-ISBN [EPUB] 978-3-8444-3017-2)
ISBN 978-3-8017-3017-8
https://doi.org/10.1026/03017-000

Inhaltsverzeichnis

Einführung

„[...] die haben schon versucht, mir das zu erklären, aber ich kann's nicht im Kopf behalten, und ich weiß selbst nicht, was das ist so [...]. Wenn einer krank ist, dann geht er zum Arzt und dann wird er wieder gesund. Was überhaupt so eine psychische Krankheit ist, das ist für mich unglaublich schwer zu verstehen, weil das ist ja nicht irgendwo, wo man eine Spritze gibt, und dann ist alles wieder gut, oder wo man sich ein paar Tage ins Bett legt."

(Mädchen, 10 Jahre)

Bei dieser Aussage eines 10-jährigen Mädchens, dessen Mutter an einer Depression erkrankt ist, wird deutlich, welche Gedanken und Gefühle Kinder begleiten, wenn Mutter oder Vater unter einer psychischen Erkrankung leidet. Sie können Verhaltensweisen ihrer Eltern nicht verstehen, ihre Probleme nicht einordnen, sind verunsichert und verwirrt.

Viele Kinder sind der Überzeugung, sie seien an den Problemen der Eltern schuld: „Mama ist so traurig und ängstlich, weil ich mich nicht genug um sie gekümmert habe" oder „Ich war frech und habe mein Zimmer nicht aufgeräumt, obwohl Papa es gesagt hat. Deshalb ist er immer ärgerlich, gerät oft in Panik und verliert schnell die Geduld." Kinder bemerken, dass sie weniger Zuwendung und Aufmerksamkeit erhalten, weil die Eltern mit ihren eigenen Problemen beschäftigt sind. Gemeinsame Aktivitäten und Unternehmungen am Wochenende finden kaum noch statt. Es gibt mehr Spannungen in der Familie. Mutter und Vater streiten häufiger und suchen in den Auseinandersetzungen Unterstützung bei den Kindern. Die erkrankten Eltern möchten nicht, dass andere Kinder zu Besuch kommen, weil sie die Unruhe und den Lärm nicht ertragen können. Die Kinder erleben, dass andere Personen, z. B. Großeltern, Onkel und Tanten oder auch Freund_innen der Eltern, der Mutter oder dem Vater Vorwürfe machen und weniger zu Besuch kommen oder sich sogar ganz zurückziehen. Die Kinder fühlen sich für die Eltern und die Familie verantwortlich. Sie helfen der Mutter bei der Hausarbeit, beim Kochen und Putzen, gehen Einkaufen und unterstützen jüngere Geschwister bei den Hausaufgaben. Kinder haben das Gefühl, die erkrankte Mutter möchte gerne, dass sie mehr zu Hause bleiben und darauf verzichten, sich am Nachmittag mit Freund_innen zu verabreden oder zum Sport zu gehen. Obwohl die Mutter oder der Vater es nicht offen ausspricht, haben die

Kinder den Eindruck, dass sie über die Probleme in der Familie mit niemandem sprechen sollten. Da aber auch in der Familie nicht über die Krankheit gesprochen wird, trauen sich die Kinder nicht, Fragen zu stellen. Sie wissen nicht, an wen sie sich mit ihren Fragen wenden könnten, haben niemanden, mit dem sie über ihre Probleme sprechen könnten. Sie bleiben allein mit ihren Ängsten, Sorgen und Nöten.

Diese Belastungen führen bei vielen Kindern zu psychischen Problemen. Wir wissen, dass Kinder psychisch erkrankter Eltern ein höheres Risiko haben, psychische Auffälligkeiten und Störungen zu entwickeln als Kinder psychisch gesunder Eltern. Viele Kinder können sich schlechter konzentrieren und sind unruhig, haben Schulprobleme oder zeigen Ängste und depressive Zustände, neigen zu starken Schuldgefühlen, haben ein geringes Selbstwertgefühl oder reagieren aggressiv und sind leicht erregbar.

Trotz vielfältiger Belastungen entwickeln nicht alle Kinder psychische Störungen – vor allem nicht anhaltende psychische Störungen. Die Schwierigkeiten vieler Kinder sind anderer Art: Sie machen sich Sorgen um die erkrankten Eltern, fühlen sich allein und müssen mit ihren Problemen und Nöten selbst fertig werden. Bei etwa der Hälfte der auffälligen Kinder treten Störungen vorübergehend, d.h. über einen bestimmten Zeitraum hinweg, auf. Etwa ein Drittel der Kinder entwickelt längerfristige Störungen.

Was unterscheidet die Kinder psychisch erkrankter Eltern, die gesund bleiben oder vorübergehende Störungen entwickeln, von denen mit länger andauernden Auffälligkeiten und Störungen? Was macht diese Kinder widerstandsfähiger? In der Forschung konnte eine Reihe von persönlichen, familiären und sozialen Schutzfaktoren gefunden werden, die das Risiko für die Entwicklung von Störungen schwächen und negative Folgereaktionen auf Belastungen reduzieren. Diese Schutzfaktoren stärken maßgeblich die psychische Widerstandsfähigkeit – in der Psychologie spricht man von Resilienz – der belasteten Kinder.

Die Ergebnisse der Resilienzforschung machen Mut, weil sie Antworten darauf liefern, was Kinder stärkt, damit sie besser mit Belastungen und Problemen fertig werden können. Resilienz ist keine feste oder sogar angeborene Persönlichkeitseigenschaft, sondern entwickelt sich in einem Zusammenspiel von Personenmerkmalen des Kindes, wie Temperamentseigenschaften, und den Reaktionen der Eltern und anderer enger Bezugspersonen des Kindes. Die sozialen Beziehungen sind für die Entwicklung von Resilienz entscheidend.

Wie können Eltern die Widerstandsfähigkeit ihrer Kinder fördern und was können Erzieher_innen und Lehrkräfte dazu beitragen? Diese Fragen werden im vorliegenden Buch ausführlich behandelt.

Der erste Teil des Buches vermittelt grundlegende Informationen über psychischen Erkrankungen und deren Auswirkungen auf die Familie. Auf das Erkrankungsrisiko der Kinder und über die Rolle verschiedener Belastungsfaktoren – die Rolle der Vererbung sowie familiäre und soziale Lebensumstände – wird anschließend eingegangen. Was es für Kinder heißt, wenn die Mutter oder der Vater psychisch erkrankt sind, und wie die erkrankten Eltern ihre Situation erleben, damit beschäftigen sich die beiden letzten Abschnitte des ersten Teils. Kenntnisse über das subjektive Erleben schaffen ein tieferes Verständnis dafür, wie sich Belastungen auf die Entwicklung der Kinder auswirken können und wie Hilfen gezielt ansetzen sollten.

Mit der Frage, was Kinder psychisch erkrankter Eltern stärkt, beschäftigt sich der zweite Teil des Buches. Ausführlich werden die persönlichen, familiären und sozialen Schutzfaktoren vorgestellt, die Kinder gegenüber Belastungen widerstandsfähiger und robuster machen. Studien belegen, dass den familiären Schutzfaktoren eine große Bedeutung für eine gesunde Entwicklung von Kindern zukommt. Dies lenkt den Blick auf die Familie als Schutzfaktor und auf die familiäre Resilienz.

Eingegangen wird darüber hinaus auf spezifische Schutzfaktoren für Kinder psychisch erkrankter Eltern. Wir wissen, dass neben den allgemeinen Schutzfaktoren ein aktiver und offener Umgang mit der Erkrankung in der Familie sowie eine altersgemäße Informationsvermittlung und Aufklärung der Kinder über die Erkrankung und Behandlung der Eltern eine spezifische Schutzwirkung für die Kinder entfalten. Wie es den Kindern gelingt, Schutzfaktoren als Puffer einzusetzen, darauf wird im letzten Abschnitt eingegangen.

Auf der Grundlage der Befunde der Resilienzforschung werden im dritten Teil des Buches zahlreiche Anregungen und Hinweise gegeben, wie

Eltern die Resilienz von Kindern fördern können. Was Sie als Eltern tun können ist:

- Ihrem Kind Nähe und gefühlsmäßige Sicherheit vermitteln,
- es bei der Bewältigung seiner Probleme unterstützen,
- ihm Kontakte zu anderen Personen ermöglichen,
- mit Ihrem Kind über die Krankheit sprechen und
- rechtzeitig professionelle Hilfe suchen, wenn Sie sich Sorgen um Ihr Kind machen.

Die Anregungen und Hinweise sollen Sie ermutigen, aktiv zu werden und Ihr Kind frühzeitig bei der Bewältigung der Belastungen und Schwierigkeiten zu unterstützen.

Durch die Begleitung meist über mehrere Jahre hinweg und den nahezu täglichen Umgang lernen Erzieher_innen und Lehrkräfte die Kinder kennen. Sie können sowohl ihre Stärken und Fähigkeiten als auch ihre Schwächen und Probleme gut einschätzen. Dies ermöglicht es ihnen, Veränderungen im Verhalten der Kinder – in der Kindergarten-Gruppe oder in der Schulklasse – wahrzunehmen. Im vierten Teil des Buches werden spezielle Hinweise für Erzieher_innen und Lehrkräfte gegeben, worauf im Verhalten der Kinder besonders geachtet werden sollte, wie sie mit psychisch erkrankten Eltern ins Gespräch kommen und wo sie fachliche Unterstützung für sich finden können.

Zur Neuauflage

Die vorliegende zweite Auflage ist vollständig überarbeitet worden. Aufgenommen wurden neue wissenschaftliche Erkenntnisse und relevante fachliche Entwicklungen in den letzten Jahren. So rückte in der Resilienzforschung zunehmend die Beschäftigung mit den der Resilienz zugrunde liegenden Prozessen und Mechanismen in den Vordergrund. Wie gelingt es den Kindern und der Familie, Schutzfaktoren als Puffer in belastenden Lebensumständen wirksam einzusetzen? Bei der Suche nach Antworten auf diese Frage ist man auf die große Bedeutung reflexiver Kompetenzen und der Mentalisierungsfähigkeit gestoßen. Mentalisieren wird als eine basale Interaktions- und Kommunikationskompetenz betrachtet, die Menschen befähigt, Schutzfaktoren bei Belastungen situationsangemessen und wirksam einzusetzen. Zugleich spricht vieles dafür, dass die Förderung des Mentalisierens einen fundamentalen Wirkfaktor bei allen Interventionen darstellt. Die neuen Erkenntnisse und die Entwicklungen in der Resilienzforschung bilden das Grundgerüst für die Zweitauflage des Buches.

Danksagung

Mein Dank gilt meiner Frau Dr. Silvia Lenz für die wertvollen fachlichen Anregungen und Frau Dipl.-Psych. Susanne Weidinger vom Hogrefe Verlag für die Betreuung des Buches und die langjährige Zusammenarbeit.

München, im November 2021 *Prof. Dr. Albert Lenz*

1 Was Sie über Kinder und ihre psychisch erkrankten Eltern wissen sollten

1.1 Wie häufig sind psychische Krankheiten?

Psychische Erkrankungen kommen in der Gesamtbevölkerung sehr häufig vor, sie gehören zu den häufigsten Erkrankungen insgesamt. Man kann davon ausgehen, dass in Deutschland ca. 30 % der Erwachsenen, statistisch gesehen also in etwa jede dritte Frau oder jeder dritte Mann, im Laufe eines Jahres unter einer psychischen Störung leiden. Psychische Erkrankungen beeinträchtigen die Lebensqualität der betroffenen Menschen in hohem Maße. Gleichzeitig betreffen die Folgen dieser Erkrankungen die Familie und das soziale Umfeld der erkrankten Menschen sowie auch die gesamte Gesellschaft. Psychische Erkrankungen gehören zu den häufigsten Ursachen für Arbeitsunfähigkeitstage und sind oft mit langen Ausfallzeiten verbunden. Sie stellen auch die häufigste Ursache für vorzeitige Berentungen in Deutschland dar und stehen z.T. in Wechselwirkung mit verschiedenen chronischen und körperlichen Erkrankungen.

Man spricht von psychischer Krankheit bzw. Störung, wenn die Betroffenen unter psychischen Zuständen, wie z.B. Ängsten oder depressiven Gefühlen, leiden, der Kontakt zur Realität, wie z.B. durch Stimmenhören und Wahnvorstellungen, oder die Fähigkeit zur Selbstkontrolle, wie z.B. bei Essstörungen und Suchterkrankungen, andauernd verloren gegangen ist. Man spricht auch von psychischer Krankheit bzw. Störung, wenn Veränderungen im Erleben und Verhalten nicht nur eine verständliche Reaktion auf ein Ereignis sind, wie z.B. bei einer schweren körperlichen Erkrankung oder eine normale Trauerreaktion bei Verlust eines geliebten Menschen. Eine psychische Krankheit ist wissenschaftlich nicht eindeutig definierbar. Zur Einschätzung, ob eine psychische Störung vorliegt, werden die Stärke und Anzahl der Symptome, das Ausmaß der mit den Symptomen einhergehenden psychischen und sozialen Beeinträchtigungen, das Ausmaß der Leistungsbeeinträchtigungen sowie die Dauer der Symptomatik und der Beeinträchtigungen herangezogen.

Im Folgenden wird ein Überblick über die Verbreitung psychischer Erkrankungen in Deutschland gegeben. Dazu werden Prävalenzraten beschrieben. Die Prävalenz ist eine Kennzahl für die Krankheitshäufigkeit in einem bestimmten Zeitraum. Tabelle 1 bietet einen Gesamtüberblick die prozentuale Häufigkeit psychischer Störungen in der erwachsenen Bevölkerung in Deutschland im Verlauf eines Jahres (12-Monats-Prävalenz). Betrachtet man die Gruppen von psychischen Erkrankungen, so stellen die Angststörungen die größte Störungsgruppe dar, gefolgt von den affektiven Störungen.

Tabelle 1: Prozentuale Häufigkeiten psychischer Störungen in der deutschen Bevölkerung im Verlauf eines Jahres: Ergebnisse des Bundesgesundheitssurveys (Deutsche PsychotherapeutenVereinigung e.V., 2020)

Diagnosen	Häufigkeit
Angststörungen	15,4 %
Affektive Störungen	9,8 %
Substanzstörungen (ohne Nikotinabhängigkeit)	5,7 %
Zwangsstörung	3,6 %
Somatoforme Störung	3,5 %
Psychotische Störungen	2,6 %
Posttraumatische Belastungsstörung	2,3 %
Psychische Störungen aufgrund einer körperlichen Erkrankung (z. B. Krebserkrankung)	1,8 %
Essstörungen	0,9 %

Unter *Angststörungen* wird eine Vielzahl unterschiedlicher Störungen zusammengefasst. Die Gemeinsamkeiten bestehen darin, dass die Angstreaktionen unangemessen sind, wiederholt auftreten und nicht mit realen Gefährdungserlebnissen verknüpft sind. Ein weiteres Kennzeichen ist ein Vermeidungsverhalten als eine dominierende Bewältigungsstrategie. Unterschiede zwischen den Angststörungen bestehen hinsichtlich der Angstinhalte: Bei den Phobien handelt es sich um Ängste, die sich auf bestimmte Objekte, Tätigkeiten oder Situation beziehen: z. B. Angst vor Tieren (Spinnen, Schlangen, Hunde, etc.), Höhenangst, Angst vor geschlossenen Räumen, Angst vor öffentlichen Plätzen, Angst vor Panikattacken sowie Angst vor sozialen Situationen des menschlichen Umgangs bzw. Leistungssituationen. Bei der generalisierten Angststörung bilden ausgeprägte Sorgen und Ängste das Hauptmerkmal der Störung. Die Betroffenen zeigen beispielsweise ein andauerndes Anspannungsgefühl und Sorgen, dass ihren Kindern etwas Schlimmes passieren könnte.

Auch bei den *affektiven Störungen* handelt es sich um eine Vielzahl von Störungsbildern, die sich hinsichtlich ihrer Schwere der Beeinträchtigungen für die Betroffenen in den Krankheitsphasen unterscheiden. Charakteristisch für affektive Störungen sind niedergeschlagene bzw. traurige Stimmung, Interessen- und Freudeverlust, Schlaflosigkeit oder vermehrtes Schlafbedürfnis, Unruhe oder Verlangsamung, Gefühle von Wertlosigkeit, Schuldgefühle, Konzentrationsprobleme sowie suizidale Gedanken. Bei der sogenannten bipolaren Störung wechseln sich depressive Phasen mit manischen Phasen ab, die mit gehobener, gereizter Stimmung, übersteigertem Selbstwertgefühl, großer Gesprächigkeit oder Rededrang, erhöhte Ablenkbarkeit und Aktivitäten einhergehen.

Gemeinsames Merkmal von *somatoformen Störungen* sind körperliche Probleme und Beschwerden, für die sich keine eindeutigen organischen Ursachen finden lassen oder starke Ängste um die körperliche Gesundheit. Früher sprach man in diesem Zusammenhang von psychosomatischen Störungen und Hypochondrie. Hauptformen somatoformer Störungen sind Magen-Darm-Symptome, wie z. B. Übelkeit, Erbrechen und Durchfall, Koordinations- und Gleichgewichtsstörungen, Kloßgefühle im Hals sowie Schmerzsymptome, z. B. im Kopf, Bauch, Rücken oder in den Gelenken. Hinzu kommen anhaltende Ängste oder die Überzeugung, eine ernsthafte Erkrankung (z. B. Krebs oder AIDS) zu haben.

Die *Sucht- und Abhängigkeitsstörungen* werden unterschieden in substanzinduzierte Störungen und in nicht stoffgebundene Störungen. Zu den substanzinduzierten Störungen zählen Alkoholabhängigkeit, die mit Abstand häufigste Suchtstörung, sowie die Drogenabhängigkeit. Für beide Substanzklassen wird zwischen Missbrauch und Abhängigkeit unterschieden. Zentral beim Missbrauch ist ein hoher „schädlicher" Gebrauch von Substanzen, der zu verschiedenen sozialen Beeinträchtigungen führt, wie z. B. Versagen am Arbeitsplatz, Probleme mit dem Gesetz oder Streit mit der Partnerin bzw. dem Partner wegen des hohen Konsums. Abhängigkeit ist insbesondere charakterisiert durch Kontrollverlust bei Einnahme der Substanz und Entzugserscheinungen. Bei den nicht stoffgebundenen Störungen handelt es sich um exzessive Verhaltensweisen, die alle Merkmale einer psychischen Abhängigkeitsstörung beinhalten, wie z. B. Kaufsucht, Glücksspielsucht, Internetabhängigkeit und Computerspielsucht.

Bei einer *Zwangsstörung* besteht für die erkrankte Person ein innerer Zwang oder Drang, bestimmte Dinge zu denken oder zu tun. Zwangsgedanken sind Vorstellungen, Gedanken oder Impulse, die der Betroffene als unsinnig oder übertrieben erkennt, die also nicht seine eigene Meinung wiedergeben, die sich ihm aber dennoch immer wieder aufdrängen. Sie lösen unangenehme Gefühle wie Ängste, Unbehagen oder Ekel aus. Zwangshandlungen sind sich wiederholende Verhaltensweisen, die oft immer gleich ablaufen müssen und zu denen sich der Betroffene gedrängt fühlt, obwohl er sie als übertrieben oder sinnlos erkennt. Zwangshandlungen haben oft zum Ziel, Ängste, Unbehagen oder Ekel zu verringern, welche durch Zwangsgedanken ausgelöst worden sind.

Psychotische Störungen sind schwere psychische Störungen, bei denen die Betroffenen zumindest zeitweise den Bezug zur Realität verloren haben. Die Störungen können sich auf sehr unterschiedliche Weise äußern. In akuten Krankheitsphasen überwiegen Symptome wie Halluzination und Wahn. Unter Halluzinationen werden Sinnestäuschungen, das heißt subjektiv erlebte Wahrnehmungen ohne objektiv vorliegende Umweltreize, verstanden. Am häufigsten kommen akustische Sinnestäuschungen vor, das heißt die Betroffenen hören Stimmen, die ihre Gedanken wiederholen, kommentierende Stimmen, die ihr Verhalten beschreiben oder bewerten, und dialogisierende Stimmen, die sich über sie unterhalten oder streiten. Wahnideen sind objektiv falsche Überzeugungen der Betroffenen und Verkennung der Realität. Häufige Wahnphänomene sind, von einer Macht verfolgt zu werden oder dass die eigenen Handlungen oder Impulse von einer äußeren Kraft gesteuert werden. Die nicht akuten Krankheitsphasen gehen einher mit Symptomen wie sozialer Rückzug, Antriebsarmut, Denkhemmung und Sprachverarmung.

Eine *Posttraumatische Belastungsstörung* kann nach einem Trauma kurzfristig oder zeitlich verzögert auftreten. In manchen Fällen können sogar Jahrzehnte bis zum Auftreten der Symptomatik vergehen. Typisch sind Symptome des Wiedererlebens, d. h. sich aufdrängende, belastende Erinnerungen an das Trauma, Flashbacks, Alpträume sowie Vermeidungssymptome, wie z. B. Gleichgültigkeit und Teilnahmslosigkeit der Umgebung und anderen Menschen gegenüber, aktive Vermeidung von Aktivitäten und Situationen, die Erinnerungen an das Trauma wachrufen könnten. Hinzu kommen Schlafstörungen, Reizbarkeit, Konzentrationsschwierigkeiten, erhöhte Wachsamkeit und übermäßige Schreckhaftigkeit. Bei vielen Betroffenen ist das Selbst- und Weltbild erschüttert und das Vertrauen in andere Menschen nachhaltig gestört.

Die Diagnose einer *chronischen körperlichen Erkrankung*, wie z. B. Krebs, AIDS, rheumatische Erkrankungen und chronische Schmerzen oder neurologische Erkrankungen wie Multiple Sklerose, stellt für die Betroffenen ein einschneidendes Ereignis dar, weil damit Veränderungen in der Lebensführung oder gar eine Todesbedrohung verbunden sind. Die Auseinandersetzung mit der Erkrankung, die Lebensumstellung und medizinische Behandlung führen oftmals zu erheblichen psychischen Belastungen und bringen das emotionale Gleichgewicht ins Wanken. Beispielsweise müssen an Krebs erkrankte Menschen sich immer neu orientieren, müssen Möglichkeiten finden, mit Schmerzen, den Folgen der Chemotherapie, der Bestrahlung und der Operation zurechtzukommen. Zugleich wirkt im Hintergrund die Lebensbedrohung. Eine Krebserkrankung stellt also enorme Anforderungen an die seelische Verfassung des Einzelnen. Psychische Störungen – insbesondere Depression und Ängste – sind oftmals die Folge. Psychische Störungen treten bei allen chronischen Erkrankungen wesentlich häufiger auf als in der Allgemeinbevölkerung.

Bei den *Essstörungen* werden drei Formen unterschieden: Anorexia nervosa, Bulimia nervosa und Binge-Eating-Störung. Bei Anorexie weigern sich die Betroffenen, ein unter gesundheitlichen Gesichtspunkten minimales Körpergewicht zu halten. Sie sind ständig bemüht, nicht zu dick zu werden, trotz ihres bestehenden Untergewichts, das von den Betroffenen geleugnet wird. Körpergewicht und Figur haben bei ihnen einen übermäßigen Einfluss auf die Selbstbewertung. Bei der Bulimie sind die zentralen Merkmale Heißhunger und „Fressanfälle" sowie unangemessene Maßnahmen zum Ausgleich oder zur Verhinderung einer Gewichtszunahme, wie z. B. Erbrechen oder die Einnahme von Abführmitteln. Die Binge-Eating-Störung ist eine Essstötung, bei der es zu wiederholten Episoden von „Fressattacken" kommt. Hier wird eine bestimme Nahrungsmenge in einem begrenzten Zeitraum (z. B. 2 Stunden) gegessen. Diese

Menge ist um einiges größer als die, die die meisten Menschen in einem ähnlichen Zeitraum zu sich nehmen würden. Während dieser Zeit besteht das Gefühl des Kontrollverlustes über das eigene Essverhalten. Bei dieser Krankheit ist meist Übergewicht die Folge.

Wissenschaftliche Untersuchungen zeigen, dass Frauen häufiger von psychischen Erkrankungen betroffen sind als Männer. So erfüllt etwa jede dritte Frau (33,5 %) und etwa jeder vierte bis fünfte Mann (22,1 %) innerhalb eines Jahres die Kriterien für mindestens eine Diagnose einer psychischen Erkrankung. Etwa die Hälfte aller psychisch erkrankten Menschen haben mehr als eine psychische Störung. Man spricht hier von Komorbidität, d.h. vom gleichzeitigen Vorliegen mehrerer psychischer Erkrankungen. Bei Frauen liegt die Komorbiditätsrate deutlich höher als bei Männern (50,2 % vs. 36,8 %). Am häufigsten kommt die Diagnosekombination „Angst und affektive Störung" vor, gefolgt von „mehrere Angststörungen" und „Angst- und affektive und somatoforme Störung".

Wie gehen Menschen mit ihrer psychischen Erkrankung um?

Menschen versuchen oftmals, ihre Krankheit selbst und mit der Unterstützung ihres engeren sozialen Netzwerkes zu bewältigen. Partner_innen, Geschwister, Eltern und enge Freund_innen stellen wichtige Unterstützungsquellen dar, durch die akute Krisen und Krankheitsphasen abgefedert oder abgemildert werden können. Manchmal ist bei den betroffenen Menschen das Leiden jedoch so stark und die mit den Krankheitssymptomen einhergehenden emotionalen und sozialen Beeinträchtigungen sind so tiefgreifend, dass fachliche Hilfe erforderlich ist. Vorsichtige Schätzungen deuten darauf hin, dass etwa 25 % der psychisch erkrankten Menschen eine Behandlung, also fachliche Hilfe, benötigen. Wenn etwa 30 % der erwachsenen Bevölkerung in Deutschland im Verlaufe eines Jahres an einer psychischen Störung leiden, kommen wir bei rund 70 Millionen erwachsenen Menschen auf eine Zahl von über 5 Millionen Menschen, die pro Jahr eine psychotherapeutische oder psychiatrische Behandlung benötigen.

Leider nehmen viele Menschen die dringend notwendige professionelle Hilfe nicht in Anspruch. Der entscheidende Grund, warum sie trotz ihrer

Probleme keine psychotherapeutische Behandlung oder Beratung aufsuchen, liegt meist darin, dass sie sich für die Krankheit schämen. Die Schamgefühle rühren von der Übernahme der zahlreichen Vorurteile und Stereotype über psychisch kranke Menschen in unserer Gesellschaft her. Menschen mit psychischen Krankheiten werden vielfach immer noch in abwertender Weise betrachtet. So heißt es z. B.: „Psychisch Kranke haben einen schwachen Charakter", „Psychisch Kranke sind gefährlich", „Psychische Erkrankungen sind eine Strafe Gottes" „Wer psychisch krank wird, ist selber schuld".

Solche negativen Beurteilungen werden in der Wissenschaft als Stigmatisierung bezeichnet. Wenn die Stigmatisierung auch konkrete Konsequenzen im Leben der Betroffenen hat, wenn beispielsweise Arbeitgeber_innen einem psychisch kranken Menschen einen Arbeitsplatz verweigern oder Vermieter_innen das Mietgesuch ablehnen, spricht man von Diskriminierung.

Wer psychisch erkrankt ist, wendet – oftmals unbewusst – diese negativen gesellschaftlichen Bewertungen gegen sich selbst. Die gegen die eigene Person gerichtete Stigmatisierung nennt man in der Wissenschaft Selbststigmatisierung. Die stereotypen allgemeinen Überzeugungen wandeln sich um in abwertende Urteile gegen sich selbst: „Ich habe einen schwachen Charakter", „Ich bin für andere gefährlich", „Ich bin selbst daran schuld, krank zu sein". Eine gravierende Folge dieser Selbststigmatisierungen ist ein reduziertes, oftmals stark beschädigtes Selbstwertgefühl, das beispielsweise in Gedanken zum Ausdruck kommt wie: „Ich bin weniger wert als andere" oder „Ich kann nichts". Psychisch erkrankte Eltern fühlen sich oftmals als schlechte Mütter oder schlechte Väter, die nicht ausreichend in der Lage sind, ihren Kindern die notwendige Versorgung und Förderung zukommen zu lassen.

Die Selbststigmatisierung kann auch mit einer Selbstdiskriminierung einhergehen. Psychisch kranke Menschen erwarten überhaupt keine respektvolle Behandlung mehr, da sie davon ausgehen, dass ihnen diese überhaupt nicht mehr zusteht. Psychisch erkrankte Eltern gehen aus diesem Grund z. B. nicht mehr zu den Elternabenden im Kindergarten oder in der Schule.

Selbststigmatisierungen und Selbstdiskriminierungen sind tiefere Gründe dafür, warum psychische Krankheiten häufig möglichst verheimlicht, verschwiegen oder verleugnet, das heißt also tabuisiert werden, und die Aufnahme einer Behandlung für die Betroffenen nicht oder oftmals allenfalls als letzter Ausweg möglich erscheint.

Zu Selbststigmatisierungs- und Selbstdiskriminierungsprozessen kommt es dann, wenn die betroffenen Menschen die gesellschaftlichen Vorurteile für berechtigt halten. Sie sollten sich daher mit Ihren eigenen Bewertungen auseinandersetzen und sich fragen, mit welchen Bildern über psychische Krankheiten Sie aufgewachsen sind, welche Einschätzungen von psychisch kranken Menschen vor der eigenen Erkrankung bei Ihnen selber vorherrschten und wie nahestehende Personen reagieren würden, wenn diese von Ihren psychischen Problemen wissen würden.

Empfehlung

Suchen Sie Gespräche mit einer Vertrauensperson oder Kontakt zu einer Selbsthilfegruppe. In solchen Gruppen treffen Sie auf Menschen, die Selbststigmatisierungen und Selbstdiskriminierungen aus eigener Erfahrung kennen. Psychische Erkrankungen müssen nicht verborgen werden. Eine psychische Erkrankung ist wie eine andere Erkrankung und niemand muss sich dafür schämen. Jeder Mensch kann in seinem Leben psychisch erkranken.

Es ist wichtig, mehrere Menschen zu haben, mit denen man offen über seine Situation sprechen kann. Ein offener Umgang mit der Krankheit stärkt das Selbstbewusstsein der Betroffenen und erleichtert auch den Zugang zu Hilfen für sich und die betroffenen Kinder. Viele Erfahrungen zeigen, dass psychisch erkrankte Eltern, denen es gelungen ist, ihre Krankheit anzunehmen, mehr bereit sind, sowohl für sich als auch für die Kinder Hilfe zu suchen und in Anspruch zu nehmen (auf die Situation psychisch kranker Eltern wird noch umfassender im Kapitel 1.6 eingegangen).

Annehmen bedeutet, sich nicht mehr selbst dafür zu verurteilen oder zu stigmatisieren, psychisch krank zu sein, nicht mehr zu resignieren und sich zurückzuziehen oder die Realität auszublenden, sondern Einschränkungen, die mit der Erkrankung verbunden sind, zu akzeptieren.

1.2 Wie häufig sind psychisch Erkrankte auch Eltern?

Aus verschiedenen internationalen Studien wissen wir, dass psychisch erkrankte Menschen etwa genauso häufig Kinder haben wie psychisch gesunde Menschen. Es gibt somit keinen Unterschied in der durchschnittlichen Kinderzahl. Amerikanische Untersuchungen kommen zu dem Ergebnis, dass über die Hälfte aller Frauen mit schweren psychischen Erkrankungen Kinder haben. Betrachtet man die in Kliniken behandelten Erkrankten, so zeigt sich in mehreren europäischen Studien übereinstimmend, dass ca. 30 % der psychisch kranken Menschen Eltern von minderjährigen Kindern sind.

Elternsein muss aber nicht unbedingt bedeuten, mit den Kindern auch zusammenzuleben. Offensichtlich ist das Zusammenleben in einem gemeinsamen Haushalt von der Schwere und der Art der elterlichen Erkrankung abhängig. So lebt die überwiegende Mehrzahl der an Depression, Angststörung oder an somatoformen Störungen leidenden Eltern gemeinsam mit ihren Kindern. Wissenschaftliche Studien zeigen, dass etwa drei Viertel dieser erkrankten Eltern mit ihren minderjährigen Kindern zusammenleben. Bei den Eltern mit psychotischen Störungen ergibt sich dagegen ein anderes Bild. Etwa 60 % der an einer Psychose erkrankten Eltern leben getrennt von ihren Kindern. Bei allen Krankheitsformen lassen sich bedeutsame Unterschiede zwischen Müttern und Vätern feststellen. Psychisch erkrankte Mütter leben wesentlich häufiger mit ihren Kindern zusammen als die erkrankten Väter. Besonders deutlich ausgeprägt sind die Unterschiede bei psychoseerkrankten Eltern. Über 70 % der erkrankten Väter leben getrennt von ihren Kindern. Bei den erkrankten Müttern ist es knapp über die Hälfte. Auffallend ist darüber hinaus, dass ein großer Teil der psychisch erkrankten Mütter alleinerziehend ist.

Während wir bezüglich der Elternschaftsrate bei psychisch erkrankten Menschen mittlerweile über relativ verlässliche Angaben verfügen, sind wir bis heute bezüglich der Zahlen betroffener Kinder auf Schätzungen angewiesen. Legt man die Zahl der Familien und die Raten psychisch erkrankter Menschen zusammen, so kann von mindestens 3,8 Millionen Kindern ausgegangen werden, die im Verlaufe eines Jahres einen Elternteil mit einer psychischen Erkrankung erleben. Wenn man von der Altersverteilung in der Allgemeinbevölkerung ausgeht, sind ca. 15% der Kinder unter drei Jahre alt. Dies bedeutet, dass ca. 500.000 bis 600.000 Säuglinge und Kleinkinder unter drei Jahren von psychischen Erkrankungen ihrer Eltern oder eines Elternteils betroffen sind. Zu einem beliebigen Zeitpunkt machen ca. 250.000 Kinder die Erfahrung, dass sich ein Elternteil in psychotherapeutischer oder psychiatrischer Behandlung bzw. Betreuung befindet. Zieht man die Krankenhausstatistik als weiteren Bezugspunkt heran, zeigt sich, dass ca. 175.000 Kindern im Verlauf eines Jahres die Erfahrung machen, dass ein psychisch erkrankter Elternteil stationär behandelt wird (Mattejat & Lisofsky, 2014).

Auch wenn wir bislang in erster Linie auf Schätzwerte angewiesen sind, kann festgehalten werden, dass Kinder psychisch erkrankter Eltern zahlenmäßig keine Randgruppe darstellen. Und: Sie sind – wie die folgenden Ausführungen über die Risikofaktoren und Belastungen zeigen werden – in vielfältiger Weise von der Erkrankung ihrer Eltern betroffen. Trotzdem hat es lange gedauert, bis die Situation der Kinder psychisch erkrankter Eltern stärker in das Blickfeld der Fachöffentlichkeit gerückt ist.

1.3 Wie hoch ist das Risiko der betroffenen Kinder, selbst zu erkranken?

Viele psychisch erkrankte Eltern machen sich Sorgen, dass sich ihre Krankheit auf die Kinder überträgt und ihre Kinder ebenfalls erkranken. Wie die Ergebnisse der sogenannten Risikoforschung zeigen, sind die Sorgen nicht ganz unberechtigt. Kinder psychisch kranker Eltern sind nicht nur in vielfältiger Weise von der elterlichen Erkrankung betroffen, sondern haben ein deutlich erhöhtes Risiko, im Verlaufe ihrer Entwicklung mit Verhaltensauffälligkeiten zu reagieren und selbst an einer psychischen Störung zu erkranken. Sie stellen somit eine besondere Risikogruppe dar, die eine sehr viel höhere Rate von psychischen Störungen aufweisen als Kinder aus Vergleichsfamilien mit psychisch gesunden Eltern. Sehr klar kann das erhöhte Erkrankungsrisiko bei den psychotischen und affektiven Störungen aufgezeigt werden (Lenz, 2014).

In Studien konnte nachgewiesen werden, dass 1% der Allgemeinbevölkerung im Verlauf des Lebens an einer psychotischen Störung erkrankt. Bei einem Kind eines psychotisch erkrankten Elternteils ist im Vergleich zur Allgemeinbevölkerung das Erkrankungsrisiko um mehr als das Zehnfache erhöht. Im Durchschnitt liegt das lebenslange Erkrankungsrisiko für die betroffenen Kinder bei etwa 13%. Trotz dieser deutlichen Risikoerhöhung kann man aber feststellen, dass die überwiegende Mehrzahl der Kinder psychotisch erkrankter Eltern, nämlich ca. 90%, im Verlaufe ihres Lebens keine derartige Störung erleidet.

Bei schweren affektiven Störungen beträgt das Lebenszeitrisiko in der Allgemeinbevölkerung etwa 6%. Das Erkrankungsrisiko ist bei Kindern von Eltern mit einer affektiven Störung im Vergleich zur Gesamtbevölkerung verdoppelt. Wiederum können wir also feststellen, dass die Mehrheit der Kinder affektiv erkrankter Eltern im Verlaufe ihres Lebens selbst nicht erkrankt.

Bislang sind wir am Beispiel der psychotischen und affektiven Störungen der Frage nachgegangen, wie sich das Risiko für Kinder erhöht, dieselbe Erkrankung wie ihre Eltern zu entwickeln. In der Wissenschaft spricht man in diesem Zusammenhang vom „spezifischen Erkrankungsrisiko".

Untersuchungen zeigen, dass Kinder psychisch kranker Eltern im Verlauf der Kindheit und Jugendzeit auch andere psychische Störungen und Verhaltensauffälligkeiten entwickeln. Dieses „allgemeine Erkrankungsrisiko" soll im Folgenden am Beispiel affektiver Störungen veranschaulicht werden. Studien kommen zu dem Ergebnis, dass im Vergleich mit Kindern von gesunden Eltern bei Kindern mit einem affektiv erkrankten Elternteil das Risiko für die Entwicklung von psychischen Störungen allgemein um das ca. Vierfache erhöht ist. Was die Art der Störungen betrifft, die die betroffenen Kinder entwickeln, lässt sich eine Vielzahl an psychischen Auffälligkeiten und Problemen finden. Zu den häufig festgestellten Störungen gehören soziale Auffälligkeiten, wie z. B. Aggressivität oder sozialer Rückzug und Kontaktstörungen, Angststörungen, Konzentrationsschwierigkeiten und Schulprobleme sowie spezielle Auffälligkeiten (z. B. verstärkte Neigung zu Schuldgefühlen).

Merke

Die wissenschaftlichen Studien kommen übereinstimmend zu dem Ergebnis, dass bei Kindern psychisch erkrankter Eltern im Vergleich zur Gesamtbevölkerung ein deutlich erhöhtes Erkrankungsrisiko vorliegt, das unsere besondere Aufmerksamkeit erfordert:

- Als relativ hoch muss dabei das allgemeine Erkrankungsrisiko der Kinder eingeschätzt werden: So entwickeln etwa 60 % der Kinder psychisch kranker Eltern im Verlaufe ihrer Kindheit und Jugendzeit psychische Probleme und Auffälligkeiten.
- Das spezifische Erkrankungsrisiko ist bei den Kindern ebenfalls erhöht. Allerdings muss dabei hervorgehoben werden, dass die große Mehrheit der Kinder psychotisch und affektiv erkrankter Eltern nicht dieselbe Störung entwickelt wie ihre Eltern. Das spezifische Erkrankungsrisiko der Kinder liegt bei ca. 10 % und ist damit absolut betrachtet relativ gering, im Vergleich zur Gesamtbevölkerung ist es allerdings deutlich erhöht.

Das erhöhte Erkrankungsrisiko bei Kindern psychisch kranker Eltern führt zu der Frage nach den möglichen Ursachen für diese Risiken. In wissenschaftlichen Untersuchungen konnten verschiedene Einflussfaktoren identifiziert werden, die uns in die Lage versetzen, die Wirkzusammenhänge besser zu verstehen. Es handelt sich hierbei zum einen um genetische Einflüsse und zum anderen um Umweltfaktoren. Der Frage, welche Rolle die Vererbung und welche Rolle die Umwelt spielt, soll im Folgenden nachgegangen werden.

1.4 Belastungsfaktoren – Welche Rolle spielen Vererbung und Umwelt?

1.4.1 Sind es die Gene?

Bei diesem hohen Erkrankungsrisiko der Kinder stellt sich natürlich die Frage, ob die psychischen Erkrankungen von den Eltern an die Kinder vererbt werden können, ob es somit genetisch festgelegt ist, ob ein Kind psychisch erkrankt oder nicht. Die wissenschaftlichen Untersuchungen kommen zu dem übereinstimmenden Ergebnis, dass die Gene bei den verschiedenen psychischen Erkrankungen eine Rolle spielen. In den sogenannten Cross-Fostering-Studien wurden zwei Gruppen miteinander verglichen:

- Kinder, deren leibliche Eltern an einer Psychose erkrankt waren und die nun bei psychisch gesunden Pflegeeltern aufwachsen, und
- Kinder, deren leibliche Eltern gesund waren, die nun jedoch bei psychotisch erkrankten Pflegeeltern leben.

Es zeigte sich, dass bei den Kindern, deren leibliche Eltern erkrankt waren und die in einer gesunden Pflegefamilie aufwuchsen, doppelt so häufig eine psychotische Störung diagnostiziert wurde wie bei den Kindern, deren leibliche Eltern gesund waren und die bei psychisch erkrankten Pflegeeltern lebten. Dennoch stellte man aber auch bei diesen Kindern, die bei erkrankten Pflegeeltern lebten und gesunde leibliche Eltern hatten, häufiger eine psychotische Störung fest als bei Kindern aus der Allgemeinbevölkerung. Die Kinder konnten also die Krankheit nicht geerbt haben, litten aber dennoch öfter an einer psychischen Erkrankung, da sie in Familien mit einem psychotisch erkrankten Elternteil aufwuchsen.

In den sogenannten Zwillingsstudien wird die Auftretenshäufigkeit psychischer Störungen bei eineiigen und zweieiigen Zwillingen verglichen. Wenn eine Störung bei eineiigen Zwillingspaaren häufiger auftritt als bei zweieiigen Zwillingspaaren, lässt sich auf ihre Vererbung schließen. Die Zwillingsstudien zeigen, dass die Übereinstimmungsrate für Depressionen bei den eineiigen Zwillingen mit ca. 50 % deutlich höher ist als für zweieiige Zwillinge, die ca. 10 bis 20 % beträgt.

Die wissenschaftlichen Befunde sprechen für die Bedeutung des Erbfaktors bei der Entstehung von psychischen Erkrankungen. Sie zeigen aber auch, dass die Gene den Zusammenhang zwischen elterlicher Erkrankung und kindlicher Auffälligkeit nur teilweise erklären können. Entmutigung, weil „alles erblich sei" und man die Entwicklung von Kindern psychisch kranker Eltern sowieso nicht beeinflussen kann, ist trotz dieser Erkenntnisse nicht angebracht. So weisen wissenschaftliche Untersuchungen auch noch auf eine andere Richtung hin. In Längsschnittstudien, in denen die Entwicklung von Kindern über mehrere Jahre mit wissenschaftlichen Methoden verfolgt wurde, konnte ein bedeutsames Zusammenwirken von genetischen Merkmalen sowie familiären und sozialen Lebensumständen nachgewiesen werden. Die Gene bestimmen ganz entscheidend darüber mit, ob sich bestimmte Lebensumstände negativ auf die Entwicklung des Kindes auswirken oder nicht. Sie prägen gewissermaßen das Ausmaß an „Verletzlichkeit" für Umweltbedingungen. Die Gene bestimmen, wie empfindsam und verletzlich ein Kind auf belastende Lebensumstände reagiert. Vererbt wird also nicht die psychische Erkrankung. So gehört beispielsweise ein Kind mit einem depressiv erkrankten Elternteil zu einer genetisch verletzlichen Gruppe, das heißt aber nicht, dass es automatisch selbst eine Depression oder eine andere psychische Störung entwickeln wird. Das Kind wird aber auf bestimmte Umweltbedingungen empfindlicher reagieren als ein Kind mit psychisch gesunden Eltern. Die Umweltbedingungen sind für ein Kind mit einem psychisch kranken Elternteil also ganz besonders bedeutsam. Wirken sie belastend, erhöht sich das Erkrankungsrisiko für das Kind, gelingt es hingegen, die Umweltbedingungen so zu gestalten, dass sie möglichst wenig belastend sind, wird das Kind keine oder vorübergehende Auffälligkeiten bzw. mildere Störungen entwickeln (Mattejat & Lisofsky, 2014).

Merke

Die Forschungsergebnisse zeigen, dass genetische Faktoren und Umweltfaktoren bei der Entstehung von psychischen Erkrankungen eng zusammenwirken. Genetische Faktoren und Umweltfaktoren spielen hierbei in etwa eine gleich große Rolle:

- Gene bestimmen darüber, ob ein Mensch eine geringe oder eine hohe Verletzlichkeit gegenüber bestimmten Umweltbelastungen besitzt.
- Ob der Mensch eine psychische Erkrankung entwickelt, hängt entscheidend davon ab, ob er belastenden („verletzenden") Umweltfaktoren ausgesetzt ist oder nicht und wie er gelernt hat, damit umzugehen.

Bei Kindern psychisch erkrankter Eltern liegt eine erbliche Verletzbarkeit vor. Es ist daher besonders wichtig, belastende Lebensumstände und Umweltbedingungen möglichst frühzeitig zu reduzieren und positive, entwicklungsfördernde Faktoren sowie persönliche Kompetenzen und Fähigkeiten der Kinder zu stärken.

1.4.2 Welche familiären Lebensumstände belasten die psychische Entwicklung von Kindern?

Wenn wir das Zusammenwirken von Erbfaktoren und Umweltfaktoren genauer verstehen wollen, ist eine detailliertere Analyse der belastenden familiären Lebensumstände und Umweltbedingungen erforderlich. In wissenschaftlichen Untersuchungen konnte eine Reihe von Faktoren gefunden werden, die die psychische Entwicklung der Kinder beeinträchtigen können und durch die das Risiko für die Entstehung von psychischen Störungen erhöht wird. Das Wissen über familiäre Belastungsfaktoren ist dabei von besonderer Bedeutung. Es liefert Ansatzpunkte für gezielte Hilfen und Förderung, die auch von Ihnen als Eltern geleistet werden können. Zu diesen Faktoren zählen: das Erziehungsverhalten, die Eltern-Kind-Beziehung und die eheliche Beziehung (Lenz, 2014).

Erziehungsverhalten

Viele psychisch erkrankte Eltern sind unsicher und verunsichert in ihrem Erziehungsverhalten. Sie erleben sich als unfähig, ihre Kinder angemessen zu erziehen und haben Schuldgefühle, aufgrund ihrer Erkrankung ihren Kindern nicht die notwendige Förderung und Betreuung bieten zu können. Die Erfahrungen zeigen, dass in Zeiten akuter Krankheitsphasen die Fähigkeit, mit den alltäglichen Anforderungen in der Erziehung zurechtzukommen, beeinträchtigt und die Möglichkeiten, die Kinder zu unterstützen und anzuleiten, eingeschränkt sein können. Psychisch erkrankte Eltern sind beispielsweise in ihrer Erziehungshaltung oftmals eher inkonsequent, haben Probleme, sich durchzusetzen und Grenzen zu setzen, und reagieren aufgrund ihrer Unsicherheit überängstlich oder zu streng. Es fällt ihnen manchmal schwer, durch Lob und Anerkennung das Selbstwertgefühl des Kindes zu stärken. Aus ihrem Gefühl heraus, den Ansprüchen der Erziehung nicht gewachsen zu sein, beschreiben psychisch erkrankte Eltern ihre Kinder häufig auch als auffällig und schwierig, auch wenn dies von Außenstehenden wie Erzieher_innen oder Lehrkräften nicht bestätigt werden kann. Die Probleme im Erziehungsverhalten lassen sich aber nicht nur speziell bei erkrankten Eltern finden, sondern können auch bei Eltern in anderen Belastungssituationen beobachtet werden, etwa bei Eltern mit einem frühgeborenen Kind oder bei Eltern in Scheidungssituationen.

Aus der Forschung wissen wir, dass solche Erziehungspraktiken, wie man sie unter anderem bei psychisch erkrankten Eltern häufig erlebt, die Entwicklung der Kinder negativ beeinflussen und daher einen bedeutsamen Belastungsfaktor darstellen können. Da Probleme im Erziehungsverhalten einen negativen Einflussfaktor auf die Entwicklung der Kinder darstellen, sollten psychisch kranke Eltern durch gezielte Hilfen in ihrer Erziehungsfähigkeit gestärkt und gefördert werden (vgl. Kapitel 3).

Eltern-Kind-Beziehung

Wissenschaftliche Studien zur Eltern-Kind-Beziehung kommen zu dem Ergebnis, dass viele psychisch erkrankte Eltern im Umgang mit ihren Kindern, speziell im Säuglings- und Kleinkindalter, Auffälligkeiten zeigen und sich von gesunden Eltern teilweise deutlich unterscheiden. Insbesondere in akuten Krankheitsphasen lassen psychisch erkrankte Eltern im Kontakt mit ihrem Kind oftmals weniger Zuwendung und gefühlsmäßige Beteiligung erkennen, sie verhalten sich eher passiv und begegnen ihrem Kind mit weniger Blickkontakt und Lächeln. Sie sprechen mit ihrem Kind eher weniger, streicheln es auch weniger als psychisch gesunde Eltern und äußern vermehrt Gefühle der Belastung und Überforderung. In zahlreichen Untersuchungen konnten Einschränkungen in der elterlichen Feinfühligkeit gegenüber dem Kind beobachtet werden. Feinfühligkeit meint die Fähigkeit der Mutter und des Vaters, die kindlichen Äußerungen wahrzunehmen, sie richtig zu verstehen sowie passend und unmittelbar darauf zu reagieren. Psychisch erkrankte Eltern reagieren oftmals nicht oder erst verzögert auf die Signale des Kindes und sind insbesondere in akuten Krankheitsphasen gefühlsmäßig nicht oder nur schwer erreichbar. Oftmals wechselt das Verhalten zwischen überfürsorglichem oder bevormundendem Verhalten und passiven oder sogar abweisenden Reaktionen. Es wird dadurch zunehmend unberechenbarer für das Kind. Wenn es wiederholt die Erfahrung macht, dass die Eltern nicht bzw. nicht ausreichend auf die signalisierten Bedürfnisse eingehen oder sich gefühlsmäßige Unterstützung und Ablehnung abwechseln, wird das Kind seine Bedürfnisse nach Kontakt, Nähe und Zuwendung unterdrücken oder Aufmerksamkeit und Nähe besonders stark suchen. Ein solches unsicheres Bindungsverhalten ist bei Kindern psychisch erkrankter Eltern häufig zu beobachten. Ein ähnliches Bindungsverhalten lässt sich aber auch bei frühgeborenen Kindern und bei entwicklungsverzögerten Kindern finden.

Eine sichere Bindung, also ein „gefühlsgetragenes" Band zwischen Eltern und Kind, stellt hingegen ein menschliches Grundbedürfnis dar und ist eine zentrale Voraussetzung für eine positive Entwicklung des Kindes. Erfährt ein Kind dauerhaft verlässliche, verständnisvolle und einfühlsame Antworten auf seine Bedürfnisse und Unterstützung in Situationen, in denen es sich bedroht fühlt oder Kummer hat, so entwickelt es Vertrauen in seine soziale Umwelt, sieht sich selbst als liebenswert und entwickelt ein positives Selbstbild. Gefühlsmäßige Sicherheit ermutigt zu Offenheit, Neugier und Entdeckungsverhalten.

Eheliche Beziehung

Eine psychische Erkrankung bringt häufig Belastungen für die Partnerschaft mit sich. Wie Studien zeigen, fühlen sich viele Partner_innen durch die krankheitsbezogenen Sorgen und Ängste sehr belastet. Wenn die Krankheit schon länger anhält oder es immer wieder zu akuten Krankheitsphasen kommt, kann dies bei der Partnerin oder dem Partner auch zu Sorgen im Hinblick auf die Zukunft der Familie führen. Die krankheitsbedingten Einschränkungen, wie z.B. Müdigkeit, Angst oder Antriebslosigkeit, bringen es mit sich, dass zumindest zeitweise viele zusätzliche Aufgaben und Verpflichtungen in der Familie von der Partnerin oder dem Partner übernommen werden müssen, wie etwa bei der Versorgung und Erziehung der Kinder oder im Haushalt. Hinzu kommt, dass eine psychische Erkrankung meist veränderte Bedürfnisse des erkrankten Elternteils, z.B. nach Ruhe, mit sich bringt, auf die im Alltag Rücksicht genommen werden muss und die häufig mit einem veränderten Tagesablauf auch für die Angehörigen verbunden sind. Bei den teilweise erheblichen Veränderungen und Belastungen entstehen leicht Reibereien und Konflikte in der Partnerschaft und eine allgemein angespannte, gereizte Stimmung im familiären Zusammenleben.

In Untersuchungen konnte nachgewiesen werden, dass eheliche Schwierigkeiten in Familien mit einem psychisch erkrankten Elternteil häufig auftreten. Dieser Befund ist insofern von großer Bedeutung, als mehrfach gezeigt werden konnte, dass elterliche Spannungen und Konflikte allgemein und unabhängig von einer psychischen Erkrankung eines Elternteils für die Entwicklung aller Kinder einen Belastungsfaktor darstellen und das Risiko für eine psychische Störung bei den betroffenen Kindern erhöhen. Bei den Kindern psychisch erkrankter Eltern kommt ihre besondere Verletzlichkeit hinzu. Sie reagieren auf elterliche Auseinandersetzungen oftmals mit Ängsten, Verunsicherung, Traurigkeit, Hilflosigkeit und Verzweiflung, Schuldgefühlen, aber auch mit Aggression und Wut.

1.4.3 Welche Rolle spielen individuelle Faktoren beim Kind?

Störungen in der kindlichen Entwicklung dürfen nicht einfach als Folge der elterlichen Auffälligkeiten betrachtet werden, vielmehr muss auch der umgekehrte Beeinflussungsweg gesehen werden. Das Kind reagiert nicht nur auf die belastenden familiären und sozialen Lebensumstände, ist kein passiver Empfänger dieser Einflussfaktoren, wie z. B. der Einschränkungen in der elterlichen Feinfühligkeit oder der Spannungen und Konflikte zwischen den Eltern, sondern die Auffälligkeiten ergeben sich auch aus der Auseinandersetzung des Kindes mit den Belastungsfaktoren. Zu welchen Ergebnissen diese Auseinandersetzung führt, ist nicht nur abhängig von den familiären Belastungsfaktoren, sondern auch davon, was das Kind gewissermaßen „mitbringt". Wissenschaftliche Untersuchungen zeigen, dass Kinder abhängig von ihren Temperamenten unterschiedlich auf die psychische Erkrankung ihrer Eltern reagieren. Kinder mit einem „schwierigen Temperament" – damit sind vor allem Kinder gemeint, die leicht ablenkbar und unruhiger sind, schnell gereizt reagieren und sich schlecht an neue Situationen anpassen können – sind empfänglicher für die familiären und sozialen Belastungen, die mit der elterlichen Erkrankung einhergehen. Dabei sind immer auch die Rückwirkungen auf die Eltern zu bedenken. So kann ein Kind mit einem „schwierigen Temperament" etwa die Spannung zwischen den Eltern verstärken, was wiederum die Eltern-Kind-Beziehung noch weiter belastet.

Neben den Temperamentseigenschaften sind vor allem auch das Alter und das Geschlecht der Kinder zu berücksichtigen. Es lässt sich zwar bei allen Kindern altersunabhängig ein erhöhtes Risiko für Probleme und Störungen feststellen, wenn ihre Eltern psychisch erkrankt sind. Allerdings stellen die frühe Kindheit und das Jugendalter Altersphasen dar, in denen sich die Belastungen meist besonders einschneidend auf die Entwicklung der Kinder auswirken. Kinder in diesen Altersphasen können sich weniger schützen, weil sie über keine ausreichende seelische Stabilität verfügen und vor allem im Jugendalter mit zahlreichen zusätzlichen Anforderungen und Aufgaben konfrontiert sind. Dies erhöht unter Umständen die „Verletzbarkeit" der Kinder.

Geschlechtsspezifische Unterschiede in den Reaktionen der Kinder auf die elterliche Krankheit konnten ebenfalls gefunden werden. So kann beispielsweise davon ausgegangen werden, dass Töchter affektiv erkrankter Mütter gefährdeter für die Entwicklung psychischer Störungen sind als Söhne. Offensichtlich spielt hierbei auch das Alter der Kinder eine wichtige Rolle. Es zeigte sich, dass die Jungen im Schulalter und die Mädchen in der Pubertät besonders anfällig für die Belastungen und die Entwicklung von Störungen sind.

Temperamentseigenschaften, Alter und Geschlecht beeinflussen nicht nur bei psychischer Erkrankung der Eltern, sondern z. B. auch bei Trennung und Scheidung das Risiko für Störungen und Auffälligkeiten bei den Kindern.

1.4.4 Welche weiteren bedeutsamen Faktoren beeinflussen die Entwicklung von Kindern?

Neben den familiären Lebensumständen und individuellen Faktoren beim Kind sind weitere Faktoren zu berücksichtigen, durch die die Auswirkungen der elterlichen Erkrankung auf die Entwicklung der Kinder mitbestimmt werden. Aus der Forschung wissen wir, dass soziale Belastungsfaktoren, wie finanzielle Probleme und Schulden, Armut und Arbeitslosigkeit sowie schwierige Wohnverhältnisse, das Risiko für psychische Störungen bei den Kindern erhöhen. In Familien mit psychisch erkrankten Eltern findet man häufig solche Belastungsfaktoren. Hinzu kommen die bereits genannten Belastungen durch Stigmatisierung und Diskriminierung aufgrund der psychischen Erkrankung der Eltern sowie soziale Isolierung und mangelnde oder unangemessene Unterstützung im sozialen Umfeld durch Verwandte oder andere Personen, auf die noch eingegangen wird (vgl. Kapitel 1.5 und 1.6).

Die vorliegenden wissenschaftlichen Befunde sprechen ebenso dafür, dass neben den familiären und sozialen Lebensumständen auch die Art und der Verlauf der elterlichen Erkrankung recht unterschiedliche Auswirkungen auf die Entwicklung des Kindes haben können. Das kindliche Erkrankungsrisiko ist abhängig von Verlaufsmerkmalen der Erkrankung, wie dem Beginn, dem Schweregrad, der Dauer und der Rückfallhäufigkeit. In mehreren Untersuchungen konnte gezeigt werden, dass Probleme und das Störungsrisiko der Kinder umso größer sind, je länger die Erkrankung der Eltern andauert, je häufiger Krankheitsphasen bislang vorkamen und je schwerer die Erkrankung ausgeprägt ist. Die Hauptrisikofaktoren für die Kinder liegen nicht in der Art der psychischen Erkrankung des Elternteils an sich. Vielmehr stehen sie in enger Verbindung mit den Verlaufsmerkmalen der Erkrankung und den mit der Erkrankung einhergehenden familiären und sozialen Belastungsfaktoren. Dieser Befund ist inzwischen wissenschaftlich gut belegt (Lenz, 2014).

Hintergrundwissen: Es kommt auf die Anhäufung der Belastungen an!

Wissenschaftliche Untersuchungen zeigen, dass sich die einzelnen Belastungsfaktoren in ihrer Wirkung wechselseitig verstärken. Das Zusammentreffen mehrerer Belastungsfaktoren – auf der elterlichen Ebene, der familiären Ebene, der Kindebene und der sozialen Ebene – wirkt sich daher ganz besonders schwerwiegend auf die Entwicklung des Kindes aus. Das heißt also, nicht ein einzelner Belastungsfaktor, sondern die Summe mehrerer Belastungsfaktoren führen bei den betroffenen Kindern mit hoher Wahrscheinlichkeit zu Beeinträchtigungen und Auffälligkeiten. Wenn man also einschätzen möchte, wie belastend die psychische Erkrankung der Eltern für das Kind ist, müssen immer die gesamten familiären und sozialen Lebensumstände berücksichtigt werden.

1.5 Wie erleben Kinder ihre Situation?

Die vorliegenden wissenschaftlichen Erkenntnisse zeigen, dass Kinder psychisch erkrankter Eltern häufig mit besonderen Belastungen konfrontiert sind, die zu psychischen Beeinträchtigungen und Auffälligkeiten führen und das Risiko für Kinder erhöhen können, selbst eine psychische Störung zu entwickeln.

Was bedeutet es für Kinder, wenn die Mutter oder der Vater unter einer psychischen Erkrankung leidet? Wie werden die alltäglichen und familiären Belastungen von Kindern und den Eltern erlebt? Eine genauere Kenntnis der subjektiven Perspektive der Kinder, ihres Erlebens und ihrer Betroffenheit eröffnet ein differenziertes Verständnis dafür, wie und auf welchen Wegen die Belastungen zu psychischen Beeinträchtigungen und Störungen führen können. Ein solches tieferes Verständnis für die verschiedenen Prozesse und Mechanismen kann uns konkrete Ansatzpunkte für die Entwicklung und Bereitstellung frühzeitiger Hilfen und gezielter Unterstützungsangebote liefern.

In verschiedenen Studien wurde das subjektive Erleben der Kinder durch Interviews qualitativ erfasst, in speziellen Auswertungsverfahren analysiert und zu einzelnen Mustern verdichtet (Lenz, 2014). Wie die Kinder ihre Situation wahrnehmen und welche belastenden Erfahrungen sie im familiären und sozialen Alltag machen, wollen wir im Folgenden genauer betrachten.

Desorientierung

Kinder sind sensible Beobachter ihrer erkrankten Eltern. Genau nehmen sie Veränderungen in den Handlungen, Verhaltensweisen und Gefühlsäußerungen ihrer Mutter oder ihres Vaters wahr. Sie haben feine Antennen dafür, wenn die Mutter oder der Vater beispielsweise immer unruhiger wird, schneller aufbrausend und ungeduldig reagiert oder viel schläft und oft weint, sich zurückzieht und auf Fragen nicht mehr antwortet oder ängstlicher wird und sich ihnen gegenüber überbesorgt verhält, wenn sie allein weggehen wollen. Kinder registrieren genau, wenn etwa die Mutter die Hausarbeiten nicht mehr schafft, nicht mehr regelmäßig Essen kocht und die Wohnung immer unordentlicher wird oder die Mutter morgens nicht mehr aufsteht und sie beispielsweise unversorgt, ohne Frühstück und Pausenbrot in die Schule schickt. Kinder reagieren auf solche Veränderungen bei ihren Eltern meist sehr schnell.

Die älteren Kinder versuchen jegliche Form von Aufregung und Auseinandersetzung in der Familie zu vermeiden und verhalten sich ruhig, reagieren vorsichtiger und vermeiden es möglichst, Forderungen zu stellen, um die Mutter oder den Vater nicht zusätzlich aufzuregen. Oftmals ziehen sie sich mehr auf ihr Zimmer zurück oder sagen Verabredungen ab und bleiben zu Hause. Jüngere Kinder reagieren auf solche Veränderungen häufig aggressiv und drücken auf diese Weise ihre Überforderung aus.

Zugleich stellen sich die betroffenen Kinder die Frage, warum sich die Mutter oder der Vater so verhält. Sie versuchen, zu Schlüssen über die Ursachen des Verhaltens und der Handlungen des erkrankten Elternteils zu kommen. Kinder, die über Wissen über die Krankheit verfügen, sind in der Lage, das auffällige elterliche Verhalten als einen Ausdruck der psychischen Erkrankung einzuordnen und zu verstehen. Erfahrungen, die nicht eingeordnet und verstanden werden können, lösen Sorgen, Ängste und Verwirrung bei den Kindern aus:

> *„[…] und dann hat sie irgendwie gar nichts gesagt. Sie stand da nur so im Flur und hat dann die ganze Zeit immer geschaut und geweint. Und dann habe ich auch irgendwie gefragt so, was ist denn los? Da habe ich mir auch schon richtig Sorgen gemacht, weil ich hab das nicht verstanden und immer nur gedacht, was ist nur mit meiner Mutter los. Und dann habe ich auch angefangen zu weinen.“*
>
> (Mädchen, 12 Jahre)

Sorgen, Ängste und Verwirrung, die aus dem fehlenden Wissen und Krankheitsverständnis erwachsen, schlagen bei den Kindern oftmals in Enttäuschung und Traurigkeit, aber auch in Wut auf den erkrankten Elternteil um:

- Enttäuschung und Traurigkeit entsteht, wenn es dem erkrankten Elternteil nicht mehr gelingt, auf ihre Gefühle und Bedürfnisse einzugehen. Kinder fühlen sich in akuten Krankheitsphasen der Eltern schnell ungerecht behandelt, vernachlässigt und ungeliebt.
- Wut entsteht, weil einfach nichts mehr so zu sein scheint, wie es war und sein sollte.

Ent-Normalisierung des Familienlebens

Durch eine psychische Erkrankung des Elternteils gerät das Familienleben durcheinander. Als genaue Beobachter nehmen die Kinder eine Verschlechterung des gesundheitlichen Zustandes des erkrankten Elternteils aufmerksam wahr. Nach einer Zeit eines stabilen und harmonischen Familienlebens bemerken die Kinder, wie sich die Mutter oder der Vater verändert. Vertraute Gefühlsreaktionen, Verhaltensweisen und Handlungen scheinen hinter der Krankheit allmählich zu verschwinden. Die Belastungen der Kinder können sich noch weiter verstärken, wenn die Verschlechterung des Gesundheitszustandes mit Spannungen, Streitigkeiten und offenen Konflikten zwischen den Eltern einhergeht:

> *„Dann sage ich: ‚Jetzt hört auf, ich bin hier bei, und wenn ihr was alleine reden wollt, dann macht es […] Nee, dann schickt mich 'raus oder geht ins andere Zimmer.' Ja, also, weil ich will das auch nicht mitkriegen, wie die sich dann streiten oder irgendwas. Dann muss ich das mitkriegen und dann habe ich schreckliche Angst und alles […].“*
>
> (Mädchen, 10 Jahre)

Wenn der erkrankte Elternteil die Mutter ist, übernehmen die Kinder oftmals schon Aufgaben im Haushalt oder in der Betreuung jüngerer Geschwister, um die Mutter zu unterstützen und zu entlasten. Sie hoffen auf diese Weise, einer Verschlechterung der Befindlichkeit der Mutter vorzubeugen oder ganz zu verhindern:

> *„Wir haben manchmal auch selber gekocht […], meistens Nasi Goreng. Das schmeißt man einfach in die Pfanne […]. Meine große Schwester hat immer geputzt.“*
>
> (Mädchen, 9 Jahre)

Gravierende Veränderungen im Familienleben ergeben sich für die Kinder, wenn die Mutter in die Klinik kommt. Manche Kinder werden während der Zeit des Klinikaufenthaltes in einer anderen Familie untergebracht und sind daher nicht nur gezwungen, sich auf den Verlust der Mutter einzustellen und mit den Ängsten und Unsicherheiten fertig zu werden, sondern müssen sich darüber hinaus auf eine neue Umgebung, auf andere Personen sowie auf andere familiäre Regeln und Umgangsformen einstellen. Andere Kinder werden während der Woche tagsüber von nahen Verwandten oder Familienpfleger_innen versorgt und bleiben in der Familie. Abends und am Wochenende übernimmt der Vater die Versorgung. Selbst kleine Kinder erzählen, wie sie sich bemühen, ihren Vater dabei zu entlasten, indem sie aktiv Aufgaben im Haushalt übernehmen.

Während des Klinikaufenthaltes dominieren Angst und Kummer über die konkrete Trennung von der erkrankten Mutter, die begleitet werden von der Sorge, möglicherweise über eine lange Zeit von ihr getrennt zu sein. Kinder, die schon einen mehrmaligen Klinikaufenthalt der Mutter miterlebt haben, befürchten oftmals nach einer erneuten Einweisung, dass jetzt eine Verschlimmerung der Erkrankung eingetreten ist und sie längerfristig von ihrer Mutter getrennt werden oder sie ihre Mutter vielleicht sogar ganz verlieren könnten:

> *„Manchmal mache ich mir ein bisschen Sorgen und manchmal weine ich auch ein bisschen darüber […], dass es irgendwann noch schlimmer wird […]. Wenn sie irgendwann ganz lange im Krankenhaus bleiben müsste, ganz lange."*
>
> (Mädchen, 7 Jahre)

Nach der Entlassung aus der Klinik entwickelt sich in der Familie in aller Regel eine Atmosphäre der Vorsicht, der Rücksichtnahme und Schonung. Die Kinder versuchen aus Angst vor einem Rückfall gegenüber dem kranken Elternteil, möglichst jede Form zusätzlicher Belastungen zu vermeiden, und verzichten auf Kritik, Forderungen und stärkere Gefühlsäußerungen. Sie passen sich an die Tagesstruktur und die Ruhebedürfnisse an und stellen die eigenen Bedürfnisse und Wünsche zurück:

> *„Ja und mein großer Bruder sagt auch manchmal, dass wir ihr mehr helfen müssen, weil sonst passiert noch was. Ja, ich und meine Brüder, wir haben jetzt schon einen Plan […], einen Tag macht er was und einen Tag mach ich was und am anderen Tag die anderen und so wechseln wir uns ab, um unsere Mutter zu entlasten."*
>
> (Junge, 12 Jahre)

Vor allem jüngere Kinder haben meist nur geringe Möglichkeiten, sich den Auswirkungen der elterlichen Erkrankung auf das familiäre Zusammenleben zu entziehen. Sie sind unmittelbar z. B. mit einem veränderten Tagesablauf, mit veränderten Essens- und Schlafenszeiten, dem erhöhten Ruhebedürfnis des erkrankten Elternteils, der inneren Unruhe und der Unordnung im Haushalt konfrontiert. Jugendliche Kinder haben einerseits mehr Möglichkeiten, sich zumindest zeitweise innerlich etwas zu distanzieren und sich auch äußerlich abzugrenzen, indem sie beispielsweise abends weggehen und sich mit Freunden treffen. Andererseits richten Eltern oftmals ausdrücklich Wünsche nach Unterstützung und Entlastung an ihre älteren Kinder (vgl. Abschnitt zur Verantwortungsübernahme auf Seite 44ff.).

Schuldgefühle

Schuldgefühle werden meist durch das mangelnde Wissen über psychische Erkrankungen genährt. Wenn nicht über die Krankheit gesprochen wird, stellen Kinder Vermutungen über die Ursache der Erkrankung ihrer Mutter oder ihres Vaters an. Diese Vermutungen kreisen häufig um die Vorstellung, dass Belastung und Überlastung die entscheidenden Faktoren bei der Entstehung bzw. bei dem erneuten Auftreten der psychischen Erkrankung darstellen. Die Belastung und Überlastung der Mutter oder des Vaters werden von den Kindern mit einer persönlichen Schuldzuschreibung verknüpft. Sie fühlen sich schuldig als Mitverursacher der Erkrankung, weil sie und die Geschwister – obwohl sie die Belastungen wahrgenommen haben – beispielsweise die Mutter nicht bzw. nicht ausreichend unterstützt oder sich nicht in dem Ausmaß um sie gekümmert haben, wie es aus ihrer Sicht eigentlich notwendig gewesen wäre:

> *„Ich glaube, es hat daher angefangen, weil wir uns vor Arbeiten gesträubt haben und wir wollten dann nie mitmachen und so […]. Ja, genau. Oder einkaufen, das musste sie immer alleine machen, und dann tat mir Mama auch manchmal ein bisschen leid, weil sie ja alles selbst machen musste."*
>
> (Mädchen, 13 Jahre)

Insbesondere bei jüngeren Kindern wird die belastende Schuldfrage oftmals mit einem schlechten Benehmen verbunden. So sind viele Kinder davon überzeugt, die Mutter oder der Vater sei krank, weil sie selbst böse waren, nicht gefolgt haben, zu laut herumgeschrien oder zu sehr herumgetobt haben.

Bei Jugendlichen sind es oftmals die Abgrenzungs- und Distanzierungsschritte von der Familie und vom erkrankten Elternteil, die Schuldgefühle auslösen. Abgrenzung und Distanzierung gehen oftmals mit einer offenen aggressiven Ablehnung und Abwertung der Eltern einher. Die Mutter oder der Vater wird etwa als blöd, verrückt oder idiotisch bezeichnet und die Krankheit als Makel für die ganze Familie bewertet. Die teilweise vehemente Ablehnung und Abwertung kippen meist und verwandeln sich schließlich in Schuldgefühle gegenüber dem erkrankten Elternteil und Selbstvorwürfe, „ungerecht" oder zu „ungeduldig" gewesen zu sein. Schamgefühle, Traurigkeit, Verzweiflung und ein tiefes Mitgefühl, das meist mit Hilflosigkeit und Hoffnungslosigkeit verbunden, treten dann in den Vordergrund.

Die Schuldgefühle der Kinder stellen für die erkrankten Eltern eine besondere Belastung dar. Sie haben das Gefühl, sie müssten die Kinder gewissermaßen von der Schuld freisprechen und beschützen. Überlagert wird dieses Gefühl von großer Verunsicherung und ihren Schuldgefühlen in Bezug auf die Kinder, weil sie oftmals davon überzeugt sind, den Kindern aufgrund ihrer Erkrankung keine ausreichende Förderung und Versorgung bieten zu können.

Angst vor einer eigenen psychischen Erkrankung

Ältere Kinder und Jugendliche machen sich vielfältige Gedanken über die eigene Person, ihre Zukunft und die Gestaltung ihres eigenen Lebens. Intensiv setzen sie sich mit dem erkrankten Elternteil und den Auswirkungen der Krankheit auf das Familienleben und die jüngeren Geschwister auseinander. Trotz der teilweise vehementen Abgrenzungsversuche sind sie mit ihren Gefühlen und Gedanken ganz eng mit dem erkrankten Elternteil und der Familie „verstrickt". Sie machen sich große Sorgen um den erkrankten Elternteil und die Familie und beschäftigen sich oftmals mit der Frage, wie groß die Gefahr sein könnte, im späteren Leben ähnliche Probleme wie die erkrankte Mutter oder der erkrankte Vater zu entwickeln. Die Angst vor einer möglichen eigenen Erkrankung treibt viele ältere Kinder um. Der erkrankte Elternteil wird genau beobachtet. Ähnlichkeiten mit dem erkrankten Elternteil werden als Bedrohung erlebt, gleiche Gesten, Reaktionen oder Gedankengänge werden schnell als erste Anzeichen für eine eigene spätere Erkrankung betrachtet. So erzählt eine 17-jährige Jugendliche im Interview, wie sie im Laufe der Zeit „mit Schrecken" festgestellt hat, dass sie genauso zum Grübeln neigt wie ihr an einer Depression erkrankter Vater:

„Denn, wenn mein Vater das hat, das könnte ja auch sein, dass es andere genauso trifft aus unserer Familie. Vielleicht meinen Bruder oder mich selbst, dass es vielleicht dann schon ganz angebracht wäre, etwas zu wissen."

(Mädchen, 17 Jahre)

Ältere Kinder und Jugendliche verfügen zwar grundsätzlich über die sprachlichen Möglichkeiten, sich entsprechend zu äußern und ihre Gefühle und Gedanken auch zum Ausdruck zu bringen. Es fehlen ihnen allerdings häufig die Worte. Sie scheuen sich entsprechende Fragen zu stellen, offen über Gefühle und Gedanken zu sprechen und bleiben mit ihren Vermutungen und Annahmen allein, wodurch sich die Ängste und Ungewissheiten noch weiter vergrößern. Informationen beispielsweise aus dem Internet, nach denen Jugendliche häufig suchen, reichen allein nicht aus, um die elterliche Krankheit verstehen und die eigenen Ängste reduzieren zu können.

Tabuisierung – Schweigegebot und Kommunikationsverbot

In vielen Familien wird nicht offen über die Krankheit gesprochen. Es herrscht ein regelrechtes Schweigegebot, das von den Eltern aus Gründen der Scham oder aus Angst, die Kinder zu sehr zu belasten und ihnen dadurch zu schaden, eingesetzt wird. Am ehesten sucht noch die erkrankte Mutter das Gespräch mit den Kindern und bemüht sich, ihnen eine Erklärung für die Veränderungen in der Persönlichkeit, in den Reaktionen, Wahrnehmungen und Handlungsweisen zu geben:

„Ja, die Mama hat mir gesagt, ich brauch ein bisschen mehr Ruhe, weil sie so viel Stress hat, und dass sie sich da manchmal so was vorstellt, so komische Sachen irgendwie. Und mehr hat sie mir aber nicht gesagt."

(Junge, 11 Jahre)

Die Schuld- und Schamgefühle, den Kindern und der Familie nicht mehr gerecht zu werden und Aufgaben im Haushalt nicht mehr oder nur sporadisch erfüllen zu können, machen aber ein offenes Reden meist unmöglich. Insbesondere der gesunde Elternteil neigt häufig dazu, die

Krankheit zu verschleiern. Er sucht eher nach Umschreibungen, indem er die Probleme beispielsweise als vorübergehend und zeitlich begrenzt oder als Reaktionen auf besondere Belastungen durch die Arbeit oder die Pflege der Oma – aufgrund von „Stress“ – darstellt. Möglicherweise steckt aber neben der Angst, den Kindern zu schaden, auch die Furcht dahinter, dass die Kinder den erkrankten Elternteil verachten oder sich von ihm vielleicht sogar zurückziehen könnten, wenn sie von der psychischen Erkrankung erfahren würden.

Oftmals vermitteln Kinder auf den ersten Blick den Eindruck, als ob sie überhaupt nichts Näheres über die Krankheit des Elternteils erfahren möchten. Selbst wenn sie das Verhalten des erkrankten Elternteils verunsichert bzw. irritiert oder sich die familiäre Situation konflikthaft zuspitzt, vermeiden sie aus Rücksichtnahme das Stellen von Fragen und lenken durch ihre Reaktionen das Gespräch auf andere Inhalte. Möglicherweise verbergen sich dahinter Schuldgefühle. Sie sind davon überzeugt, dass die Mutter krank geworden ist, weil sie „böse“ waren oder sich nicht „richtig“ verhalten haben und vermeiden deshalb Fragen nach der Krankheit und den damit verbundenen Umständen. Oder aber die Kinder spüren die Schwierigkeiten der Eltern, sich mit der Krankheit auseinanderzusetzen und darüber zu sprechen. Durch das scheinbare Nichtwissen-wollen schützen sie gewissermaßen die Eltern, bleiben aber damit mit ihren Sorgen und Nöten allein und unverstanden.

Die familiären Schweigegebote richten sich auch nach außen. In vielen Familien herrscht ein Rede- bzw. Kommunikationsverbot, mit außenstehenden Personen über die psychische Erkrankung und deren Auswirkungen auf das familiäre Zusammenleben zu sprechen:

> *„Ja und Mama möchte das auch nicht, dass ich mit anderen in der Schule darüber rede. Das wäre schon etwas unangenehm, dass das alle wissen.“*
>
> (Mädchen, 8 Jahre)

Die Eltern sprechen mehr oder weniger offen dieses Kommunikationsverbot aus, um die Kinder, die Familie und sich selbst vor Abwertungen, Zurückweisungen und Ausgrenzungen zu schützen. Kinder machen in ihrem sozialen Umfeld oft selbst solche Erfahrungen, wenn die Krankheit der Mutter oder des Vaters bekannt wird. Häufig müssen sie selbst im engen Freundeskreis versteckt oder offen mit abwertenden Kommentaren und Bemerkungen über den kranken Elternteil rechnen. Sie fühlen sich dadurch verletzt, erniedrigt und ausgegrenzt und vermeiden möglichst, das Gespräch ausführlicher auf den erkrankten Elternteil oder die Familie zu bringen:

> *„Aber, ich weiß nicht, sie ist meine Mutter, sie ist ein guter Mensch und deswegen mag ich es nicht, wenn irgendjemand schlecht über sie redet.“*
>
> (Mädchen, 16 Jahre)

Durch das innerfamiliäre Schweigegebot und das Kommunikationsverbot gewinnt die psychische Erkrankung den Charakter eines von den Familienmitgliedern geteilten Geheimnisses, von dem die Außenwelt nichts oder zumindest wenig erfahren darf. Aber auch in der Familie wird das Thema verschwiegen oder lediglich vorsichtig umschrieben. Es fehlen dadurch die geeigneten Worte und es überwiegt Sprachlosigkeit in Bezug auf die elterliche Erkrankung. Sich jemandem anzuvertrauen, sich an Personen außerhalb der Familie zu wenden, würde gleichsam als Verrat empfunden werden. Kinder sind oftmals hin- und hergerissen zwischen dem Gefühl der Verpflichtung gegenüber ihren Eltern, das Schweigegebot und das Kommunikationsverbot einzuhalten, ihrem Schamgefühl und den Abwertungserlebnissen aus dem sozialen Umfeld, eine psychisch kranke Mutter oder einen psychisch kranken Vater zu haben, und dem Bedürfnis, mit jemandem sprechen zu können.

Hintergrundwissen: Tabuisierung – Schweigegebote und Kommunikationsverbote begünstigen die Entwicklungen von Familiengeheimnissen

Geheimnisse beeinflussen tiefgreifend die Atmosphäre und das emotionale Klima in der Familie. Kinder spüren, dass etwas im Raum steht, können dieses Etwas aber nicht genau benennen, und die Eltern verraten es nicht. Mit Aussagen wie „Das bildet du dir nur ein“ oder „Du übertreibst“ reagieren Eltern oftmals auf zaghafte Fragen oder Bemerkungen der Kinder und bagatellisieren oder leugnen unangenehme Sachverhalte völlig. Kinder reagieren darauf verschieden: Einige werden stiller und vorsichtiger oder ziehen sich zurück; andere werden „dünnhäutiger“, brausen schnell auf oder sind schnell gekränkt und verhalten sich aggressiv.

Das elterliche Schweigegebot entfaltet seine Wirksamkeit unausgesprochen. Die Kinder spüren in aller Regel intuitiv den Wunsch der Eltern, die familiäre Situation geheim zu halten. Aus einem internen Familiengeheimnis wird ein geteiltes Familiengeheimnis. Unter Umständen kapseln sich die Kinder oder die ganze Familie von der Außenwelt ab. Es kann zu Loyalitätsspaltungen kommen, die die Kinder in ihrer persönlichen Integrität (d.h. in ihrer persönlichen Treue zu sich selbst) buchstäblich zerreißt: Auf der einen Seite steht die innere Verbundenheit mit ihren Eltern und auf der anderen Seite die Wünsche nach sozialer Zugehörigkeit zur sozialen Umgebung, zu Freund_innen und anderen wichtigen Bezugspersonen (Lenz, 2021).

Soziale Isolierung

Durch die Übernahme der innerfamiliären Schweigegebote und Kommunikationsverbote fehlen den Kindern vertrauensvolle, enge Beziehungen zu Bezugspersonen. Sie wissen nicht, an wen sie sich mit ihren Fragen wenden können und haben häufig niemanden, mit dem sie über ihre Beobachtungen und Probleme sprechen können. Manchmal werden selbst Beziehungsangebote von Personen aus dem nahen sozialen Umfeld nicht wahrgenommen, weil jedes Gespräch als Verrat am kranken Elternteil und an der ganzen Familie empfunden wird. Da sie ihre Probleme und Anliegen nicht nach außen tragen wollen, lassen Kinder Gelegenheiten verstreichen, Verständnis und damit Entlastung zu finden. Durch das innerfamiliäre Schweigegebot stehen den Kindern oftmals auch nicht die passenden Worte zur Verfügung, um den Zustand des erkrankten Elternteils und ihre Sorgen und Schwierigkeiten angemessen schildern zu können.

Da sie sich Mitschüler_innen gegenüber schämen, weil sich die erkrankte Mutter oder der erkrankte Vater auffällig verhalten könnte oder die Wohnung nicht aufgeräumt ist, wenn es der Mutter schlechter geht, ziehen sich viele zurück. Sie laden aus Sorge, etwas könnte nach außen dringen, andere Kinder nicht mehr nach Hause ein, was sie schnell in eine Außenseiterposition bringen kann. In der Folge werden sie oftmals auch nicht mehr eingeladen und verlieren ihre Position und Anerkennung in der Gleichaltrigengruppe.

Verantwortungsübernahme

Kinder fühlen sich verantwortlich für die erkrankte Mutter oder den erkrankten Vater und die ganze Familie. Aus Sorge vor der Zukunft der Familie und Angst vor Verschlimmerung der Erkrankung bemühen sich die Kinder um Entlastung ihrer Eltern, indem sie Aufgaben in der Familie übernehmen. Sie kümmern sich beispielsweise im Haushalt um das Putzen, Kochen und Waschen, betreuen kleinere Geschwister oder unterstützen sie bei den Schularbeiten. Unter Umständen übernehmen sie für den erkrankten Elternteil auch Verantwortung bei der Medikamenteneinnahme und Strukturierung des Tagesablaufs, indem sie beispielsweise regelmäßig mit der erkrankten Mutter oder mit dem erkrankten Vater spazierengehen:

> *„Meine Schwester und ich versuchen der Mutter das abzunehmen, was abzunehmen geht. Also Müll herunterschaffen, einkaufen gehen und so. Meine große Schwester putzt die Wohnung und macht die Wäsche. Mehr nehmen wir der Mutter ab, wenn es ihr wieder schlechter geht."*
>
> (Mädchen, 12 Jahre)

Ältere Jugendliche übernehmen oftmals nicht nur einzelne Aufgaben im Haushalt, sondern darüber hinaus Verantwortung für ganze Lebensbereiche, wie Haushaltsführung und Erziehung der kleineren Geschwister oder eventuell sogar für finanzielle Angelegenheiten der Familie:

> *„Ja, hm, das hat sich so mit der Zeit entwickelt, das was Mama dann nicht gemacht hat, das hab' ich dann halt automatisch übernommen. Wenn es ihr schlecht geht, dann gehe ich nicht nur einkaufen, sondern rede auch mit Behörden, gehe zur Bank und all solche Sachen. Das ist seit drei, vier Jahren ungefähr so. Und genauso habe ich jetzt die Aufgabe, mich um eine neue Wohnung zu kümmern, weil wir aus der Wohnung müssen."*
>
> (Mädchen, 18 Jahre)

Durch die Übernahme von Aufgaben und elterlichen Funktionen in der Familie rutschen die Kinder leicht entweder in die Rolle einer Ersatzpartnerin bzw. eines Ersatzpartners, die bzw. der dem erkrankten Elternteil Geborgenheit und Rückhalt vermittelt und unter Umständen ungeachtet des Alters bei wichtigen Entscheidungen zu Rate gezogen wird, oder in eine Art „Sorgerrolle" zwischen die Eltern. Die Kinder werden dabei zu Friedensstifter_innen und Schiedsrichter_innen und tragen auf diese

Weise z. B. dazu bei, dass die Beziehung zwischen den Eltern weiter hält. In Familien mit einem psychisch erkrankten Elternteil kommt es zwischen den Eltern vermehrt zu Streitigkeiten und ehelichen Spannungen, die die Kinder immer wieder auszugleichen und zu schlichten versuchen. Sie fühlen sich oftmals zwischen den Eltern hin- und hergerissen und geraten dabei in nur schwer auflösbare Konflikte, weil sie beiden Elternteilen als Gesprächspartner zur Verfügung stehen und ihnen Zuwendung und Aufmerksamkeit vermitteln wollen. Meist rutscht das Kind mit dem größten Einfühlungsvermögen in die Tröster_innen-, Schlichter_innen- oder Ratgeber_innen-Rolle. Solchermaßen „begabte" Kinder bilden ein Sensorium, also ein „Gespür" für subtile, feine Signale der Eltern aus und lernen, deren Bedürfnisse intuitiv zu erspüren.

Die Übernahme der Rolle eines Ersatzpartners für einen Elternteil und/oder die Übernahme der „Sorgerrolle" zwischen den Eltern überfordert die Kinder. Es besteht die Gefahr, dass die Kinder ihre Bedürfnisse denen der Eltern bzw. eines Elternteils unterordnen, und zwar auf Kosten ihrer eigenen Entwicklung. Letztlich können sie den Wünschen und Erwartungen ihrer Eltern aber niemals genügen.

Die Verantwortungsübernahme in der Beziehung zwischen Eltern und Kindern kann sich so verfestigen, dass eine innere Ablösung des Kindes und eine eigene Entwicklung nicht mehr möglich sind. Die Übernahme von Elternrolle und elterlichen Funktionen bedeutet den Verlust der Kindheit. Sorglosigkeit, Spontaneität und Lebhaftigkeit gehen durch die Belastungen, die mit den an sie herangetragenen Erwartungen der Eltern einhergehen, verloren. Die betroffenen Kinder wirken meist depressiv, ernst und zurückhaltend, pseudofrühreif und überverantwortlich. Zugleich leiden sie häufig unter Schuldgefühlen. Sie haben ständig das Gefühl, nicht genug getan zu haben. Oft sind sie hin- und hergerissen zwischen dem grandiosen Gefühl der Macht und Einzigartigkeit wegen ihrer familiären Position und der Verzweiflung, den Ansprüchen und Erwartungen doch nicht zu genügen.

Die Übernahme von Aufgaben und Rollen ist für Kinder nicht an sich schädlich. Voraussetzungen dafür sind, dass die Übernahme von Aufgaben und Rollen durch das Kind zum einen anerkannt und wertgeschätzt wird und zum anderen das Kind davon nicht vollständig eingenommen wird. Wenn die Bemühungen des Kindes also gewürdigt werden und es gleichzeitig dabei unterstützt wird, seine eigenen Bedürfnisse zu entdecken und zu verfolgen, dann kann die Übernahme von Verantwortung in der Familie durchaus positive Auswirkungen auf die Entwicklung zeigen:

> *„Also, selbstständiger wird man, weil man selbst was in die Hand nehmen muss und man dafür ja auch sorgen will, wenn man sieht, dass es der Mutter nicht gut geht und man nicht weiß wieso, dass man dann irgendwas macht, dass man dann spült, kocht. Das ist dann ganz selbstverständlich, weil man ja alles gut machen will, weil man denkt, dass es der Mutter dadurch dann auch wieder besser geht […]. Man denkt auch ganz anders als andere in diesem Alter, weil man hat schon so vieles erlebt […] ich weiß nicht, aber man wird vernünftiger und ernster, weil man einfach so einiges in die Hand nehmen muss."*
>
> (Mädchen, 15 Jahre)

Kinder können durch Verantwortungsübernahme in der Familie Selbstbewusstsein und soziale Fertigkeiten, wie Fürsorglichkeit und Einfühlungsvermögen, erwerben. Untersuchungen zeigen allerdings, dass Verantwortungsübernahme dann einen positiven Einfluss auf die Entwicklung der Kinder haben kann, wenn es bei Aufgaben im Haushalt oder etwa bei der Betreuung jüngerer Geschwister bleibt und sie nicht in die Gesprächspartner_innen-, Tröster_innen- und Ratgeber_innen-Rolle für die Eltern rutschen. Die Übernahme dieser Rolle überfordert die Kinder und beeinträchtigt sie in ihrer Entwicklung.

1.6 Wie erleben psychisch erkrankte Eltern ihre Situation?

Psychisch erkrankte Eltern erleben ihre Rolle als Vater und Mutter oftmals sehr zwiespältig. Sie sind hin- und hergerissen zwischen ihren Ansprüchen und den erlebten Einschränkungen, wenn es ihnen gesundheitlich schlechter geht und sie das Gefühl haben, ihren Kindern nicht ausreichend gerecht werden zu können (Lenz, 2014).

Wie alle Eltern wollen psychisch kranke Eltern gute Eltern sein und ziehen aus der Übernahme von Verantwortung für sich auch persönliche Kraft und Halt. Auf der anderen Seite löst die Erkrankung häufig Gefühle der Unzulänglichkeit sowie Sorgen über die Zukunft der Kinder, Versagens- und Verlustängste aus.

Elternsein als Kraftquelle

Für psychisch erkrankte Eltern ist wie für psychisch gesunde Eltern das Elternsein verbunden mit Grundgefühlen wie Stolz und Glücklichsein, geliebt zu werden, und zu lieben und mit Erfahrungen wie Nähe zu spüren, gebraucht zu werden, für jemanden Sorgen zu können und verantwortlich zu sein. Studien konnten aufzeigen, dass Elternsein meist ausdrücklich mit einem Gefühl von Sinnhaftigkeit verknüpft wird. Damit ist gemeint, dass Elternschaft als eine Anforderung im Leben eingeschätzt wird, die es wert ist, Zeit und Energie zu investieren, sich einzusetzen und sich verpflichtet zu fühlen. Die Versorgung, Betreuung und Förderung der Kinder werden trotz aller Kraftanstrengungen und Anforderungen, die damit auch verbunden sind, vor allem als eine willkommene Herausforderung erlebt, der man gerne nachkommt, weil man durch das eigene Handeln etwas bewirken kann.

Es wird deutlich, dass Elternsein den Eltern persönlich Stärke und Stabilität, Selbstbewusstsein und inneren Halt vermittelt, und zwar allen Eltern, unabhängig davon, ob sie psychisch gesund oder psychisch krank sind. Psychisch erkrankten Eltern bieten Kinder oftmals einen besonders ausgeprägten inneren Halt, dessen Wegfall zu einer Verschlechterung des Gesundheitszustandes führen oder sogar eine seelische Krise auslösen kann. So erzählt eine psychisch erkrankte Mutter:

„Wenn mein Kind in eine Pflegefamilie käme, hätte ich ja gar keine Aufgaben mehr. So habe ich wenigstens eine Aufgabe, wenn ich arbeitslos bin: dass ich mein Kind erziehen muss, dass ich täglich für mein Kind da sein soll. Aber wenn mein Kind dann in eine Pflegefamilie kommt ... dann habe ich sozusagen keine Aufgabe mehr. Da falle ich bestimmt in irgendein tiefes Loch, aus dem ich nur schwer allein wieder rauskomme.“

Aus den Verpflichtungen, die aus der Verantwortung für Kinder erwachsen und den regelmäßigen Kontakten und gemeinsamen Aktivitäten, die sich im Alltag z. B. durch Kindergarten und Schule ergeben, schöpfen erkrankte Eltern Kraft. Wenn es den Eltern dann noch gelingt, Herausforderungen in der Kindererziehung zu meistern oder familiäre Belastungen zu reduzieren, stärkt dies, wie die folgende Aussage einer psychotisch erkrankten Mutter zeigt, das Selbstwertgefühl und das Gefühl von Sinnhaftigkeit des eigenen Handelns:

> *„Ich hatte so ein Herzklopfen vor der Einschulungsfeier und überhaupt vor der Situation, jetzt ein schulpflichtiges Kind zu haben. Bist du dem gewachsen? Kannst du das dem Kind alles so bieten, was es braucht? Mit dem Helfen in der Schule und so weiter? Und ich hab dann gestaunt über mich: Man wächst wirklich mit der Aufgabe!"*

Für die Kinder entsteht dadurch ein familiärer Erfahrungsraum, der ihnen Gefühle von Sicherheit und Verlässlichkeit vermitteln kann.

In Krisen und akuten Krankheitsphasen kann es passieren, dass Eltern Unterstützung und Rückhalt bei ihren Kindern suchen. Die Kinder haben meist feine Antennen entwickelt und nehmen die gesundheitliche Verfassung der Mutter oder des Vaters umgehend wahr. Sie registrieren genau Veränderungen in den Verhaltensweisen und gefühlsmäßigen Reaktionen der erkrankten Eltern und übernehmen Aufgaben im Haushalt oder die Rolle der bzw. des Gesprächspartner_in. Eine psychisch erkrankte Mutter beschreibt diese Situation folgendermaßen:

> *„Also, darüber rede ich schon mit meiner Tochter ein bisschen. Irgendwo brauche ich sie dann auch. Manchmal, wenn ich sehr traurig bin, dann ist sie für mich auch noch ein bisschen ein Halt. Auch wenn ich sehr depressiv bin, ist sie für mich ein Rückhalt, nicht irgendwelche schlimmen Dinge zu tun."*

Indem das Kind dem erkrankten Elternteil Rückhalt und Stütze bietet und in die Tröster_innen-, Versorger_innen- und Gesprächspartner_innen-Rolle schlüpft, entsteht die Gefahr, dass das Kind seelisch überfordert wird (vgl. Kapitel 1.5).

Elternsein als Belastungsquelle

Die Kraftquelle wird häufig von Ängsten, Sorgen und Schuldgefühlen überlagert. Insbesondere in akuten Krankheitsphasen fühlen sie sich durch die elterlichen Aufgaben überfordert und machen sich zugleich Vorwürfe. Psychisch erkrankte Eltern haben das Gefühl, eine schlechte Mutter bzw. ein schlechter Vater zu sein. Diese Versagensgefühle treten häufig bei Müttern während stationären Klinikaufenthalten auf. Da sie dadurch als Erziehungsperson ausfallen und ihre Kinder nicht versorgen können, betrachten sich viele erkrankte Mütter als verantwortlich für die Belastungen und Probleme der Kinder. Zudem befürchten sie langfristige negative Auswirkungen ihrer Erkrankung auf die kindliche Entwicklung. Um eine längere Trennung von ihren Kindern zu vermeiden, versuchen viele Mütter, einen Klinikaufenthalt hinauszuziehen, oder sie brechen die stationäre Behandlung freiwillig frühzeitig ab.

Vielen erkrankten Eltern ist bewusst, dass sie in ihrer Erziehungskompetenz generell oder zeitweise eingeschränkt sind. Sie nehmen wahr, dass sie ihren Kindern nicht die notwendige Aufmerksamkeit und emotionale Zuwendung geben können, dass sie Schwierigkeiten haben, sich durchzusetzen und Grenzen zu setzen und sie ausreichend fördern und ermutigen zu können. In akuten Krankheitsphasen und Krisenzeiten taucht oftmals auch die Sorge auf, die Kinder zu vernachlässigen, körperlich zu misshandeln und zu verletzen. Insbesondere psychosekranke Eltern äußern die Sorge, während einer akuten psychotischen Phase ihre Kinder durch ihre bizarren Äußerungen und Verhaltensweisen zu ängstigen oder sogar eine Gefahr für sie darzustellen. Eine schizophren erkrankte Mutter erzählt:

> *„Dann hab ich den Ärzten auch erzählt, dass ich riesengroße Angst hätte, der Kleinen etwas anzutun. Ich war teilweise so nervös und aufgeregt. Ich schrie nur herum, weil mir alles zu viel wurde. Da hatte ich wirklich Angst, die Kontrolle zu verlieren und was Schlimmes zu tun.“*

Eine besondere Belastung für erkrankte Eltern ist die Angst vor dem Verlust des Kindes durch den Entzug des Sorgerechts. Diese Angst ist durchaus realistisch, wie wissenschaftliche Untersuchungen ergeben haben. Es zeigte sich, dass mindestens ein Drittel der ca. 6.000 Sorgerechtsentzüge in Deutschland pro Jahr auf psychische Erkrankungen der Eltern zurückzuführen ist. Die Angst, dass die Kinder weggenommen werden könnten, führt dazu, dass psychisch kranke Eltern gegenüber Hilfen für ihre Kinder reserviert und vorsichtig sind. Man kann davon ausgehen, dass viele psychisch Erkrankte aus Angst vor Verlust des Sorgerechts oder der Befürchtung, dass Maßnahmen für ihre Kinder gegen ihren Willen eingeleitet werden könnten, keine Hilfen suchen. Zu den Verlustängsten kommen die Kränkungen und Stigmatisierungen hinzu, die mit der oftmals pauschalen Infragestellung der Erziehungsfähigkeit psychisch kranker Menschen sowohl durch pädagogische und psychologische Fachkräfte als auch durch Medien ausgelöst werden.

Eine weitere zusätzliche Belastungsquelle für die erkrankten Eltern stellen die Sorgen über die Entwicklung der Kinder dar. So ist den meisten Eltern durchaus bewusst, dass die Kinder unter ihrer Erkrankung leiden. Studien zeigen, dass bis 80 % der erkrankten Eltern ihre Kinder als belastet durch die Krankheit und die stationäre Behandlung betrachten. Ein großer Teil der Eltern schätzt ihre Kinder sogar als psychisch belastet ein. Sie nehmen emotionale Probleme, Verhaltensauffälligkeiten und Hyperaktivität bei ihren Kindern wahr. Sowohl in der Beurteilung der Belastungen als auch der psychischen Auffälligkeiten zeigen sich kaum Unterschiede zwischen erkrankten Müttern und Vätern. Die Sorgen im Hinblick auf die Entwicklung der Kinder bewegen psychisch erkrankte Eltern offensichtlich ganz generell unabhängig von deren Geschlecht. Dabei schwingen die Fragen nach der „Vererbung" und die Angst mit, ihre Kinder könnten in ähnlicher Weise erkranken wie sie selber. Die mangelnden Informationen über die Fragen der Vererbung wirken meist besonders belastend und können Schuldgefühle sowie Selbstvorwürfe auslösen. Die eigene psychische Erkrankung und die Wahrnehmung der Elternschaft stellen für die Patient_innen an dieser Stelle einen tiefgreifenden Konflikt dar, in dem sie sich allein gelassen fühlen, wenn von den behandelnden Ärzt_innen und Therapeut_innen nicht nach den Kindern gefragt wird und deren Einbeziehung in die Behandlung als zu gering wahrgenommen wird.

2 Resilienz – Was stärkt die Kinder psychisch erkrankter Eltern?

Wie wir gesehen haben, sind Kinder von einer psychischen Erkrankung ihrer Eltern in vielfältiger Weise betroffen und belastet. Die Belastungen stellen für die Kinder ein erhöhtes Risiko dar, im Verlaufe ihrer Kindheit selbst eine psychische Störung zu entwickeln. Es wird dabei aber allzu leicht vergessen, dass nicht alle Kinder krank werden und vor allem nicht anhaltende psychische Störungen entwickeln. In England wurden in einer Längsschnittstudie über einen Zeitraum von vier Jahren ca. 300 Kinder psychisch erkrankter Eltern regelmäßig wissenschaftlich beobachtet. Es konnte festgestellt werden, dass ca. zwei Drittel der Kinder eine psychische Störung entwickelten, wie zum Beispiel Ängste, Konzentrationsschwierigkeiten und Aggressivität. Das restliche Drittel der Kinder entwickelte keine Störungen. Die Schwierigkeiten der Kinder waren häufig anderer Art: Sie waren stärker auf sich gestellt und mussten mehr als andere Kinder mit dem familiären Alltag, mit ihren Problemen in der Schule oder in der Freizeit allein fertig werden. Bei etwa der Hälfte der auffälligen Kinder traten die Störungen vorübergehend, das heißt also lediglich über einen bestimmten Zeitraum hinweg, auf. Psychische Erkrankungen der Eltern müssen also nicht notwendigerweise zu dauerhaften Problemen bei den Kindern führen. Betrachtet man die Entwicklung der Kinder insgesamt, so wurde in dieser wissenschaftlichen Studie deutlich, dass etwa ein Drittel der Kinder von längerfristigen psychischen Störungen betroffen war. Diese Befunde konnten in anderen wissenschaftlichen Studien bestätigt werden (Lenz, 2014).

Was unterscheidet die Kinder psychisch erkrankter Eltern, die gesund bleiben oder lediglich vorübergehende Auffälligkeiten entwickeln, von den Kindern mit den länger andauernden Auffälligkeiten und Störungen? Was lässt die Kinder all die Belastungen besser überstehen? Was verhindert oder mildert die Entwicklung von Auffälligkeiten und Störungen bei den betroffenen Kindern?

Die Antworten auf die Frage, was Kinder stärkt, damit sie mit Belastungen und Problemen fertig werden bzw. besser fertig werden als andere Kinder, eröffnen Eltern, Erzieher_innen und allen anderen professionellen Helfer_innen ganz neue Perspektiven. Sie lenken den Blick nämlich auf Kräfte des Kindes und der Familie, ohne dabei die Probleme und Belastungen zu ignorieren oder zu unterschätzen. Diese Kräfte zu entdecken, zu fördern und zu stärken sowie die Kinder anzuregen, die eigenen Talente und Fähigkeiten als solche auch wahrzunehmen und zu schätzen, sollte zu einem Grundsatz in der Erziehung werden. Wir neigen häufig dazu, unseren Blick zuerst darauf zu richten, was das Kind nicht kann und wo seine Schwächen und Defizite liegen, was in der Familie nicht klappt, und achten zu wenig darauf, welche Fähigkeiten und Potenziale das Kind besitzt, welche Stärken in der Familie vorhanden sind. Es gilt den Blick dafür zu schärfen, was das Kind eines psychisch erkrankten Elternteils und die Familie als Ganzes trotz vielfältiger Belastungen alles schaffen.

In der Psychologie spricht man von Resilienz, wenn Kinder trotz Belastungen und schwierigen Lebensbedingungen nicht selbst erkranken oder die Belastungen ohne längerfristige psychische Störungen überstehen und eine positive, gesunde Entwicklung nehmen. Ziel der Resilienzforschung ist es, fördernde Bedingungen zu identifizieren, die eine positive und gesunde Entwicklung bei Kindern in belastenden Lebensumständen begünstigen. Das Wissen darüber liefert wertvolle Ansatzpunkte für eine gezielte Förderung und Stärkung der Kinder.

2.1 Was heißt Resilienz?

Der Begriff der Resilienz leitet sich vom englischen Wort „resilience" (Spannkraft, Elastizität, Strapazierfähigkeit) ab und bezeichnet allgemein die seelische Robustheit und Widerstandskraft von Menschen angesichts belastender Lebensumstände. Unter Resilienz wird in der Psychologie die Fähigkeit des Menschen verstanden, sich bei Belastungen „nicht unterkriegen zu lassen" oder „nicht daran zu zerbrechen". Resiliente Menschen sind in der Lage, in Belastungssituationen persönliche Eigenschaften und Fertigkeiten einzusetzen sowie familiäre und soziale Kräfte zu nutzen, die negative Auswirkungen und gesundheitsschädliche Folgen wie einen Puffer abmildern oder verhindern (Lenz, 2021).

Resilienz stellt aber keinen lebenslangen Schutzschirm dar, sondern kann sich über Zeit und Situationen hinweg verändern. Resilienz ist also keine

Fähigkeit, die, einmal erworben, auch immer präsent und mobilisierbar ist. Resiliente Kinder haben eine „dickere Haut", an denen Belastungen eher abprallen und nicht so leicht hindurchdringen können. Sie sind aber keine unverwundbaren, unbesiegbaren „Super-Kids" oder „Wunderkinder", die zu jeder Zeit mit allen Belastungen fertigwerden.

Aus wissenschaftlichen Studien wissen wir heute, dass Kinder zu einem Zeitpunkt resilient, also widerstandsfähig sind und Belastungen noch gut abpuffern können, aber zu einem späteren Zeitpunkt sehr verletzbar sein können. Oftmals schaffen es Kinder über eine lange Zeit mit den Folgen schwieriger Lebensumstände ohne nennenswerte Beeinträchtigungen umzugehen, kommen aber zusätzliche Probleme hinzu, reichen die Widerstandskräfte nicht mehr aus. Resilienz ist also keine zeitlich stabile und situationsübergreifende Eigenschaft eines Kindes, sondern hängt eng mit der Art, dem Umfang und der Dauer der Belastungen zusammen, mit denen es konfrontiert wird. Phasen erhöhter Verletzbarkeit stellen auch sogenannte Entwicklungsübergänge dar. So sind Kinder besonders anfällig beim Übergang vom Kindergarten in die Schule oder in der Pubertät, weil sie in diesen Phasen mit völlig neuen Aufgaben und Herausforderungen konfrontiert werden. Während dieser Phasen können Risikobedingungen, wie beispielsweise eine psychische Erkrankung der Eltern, die Belastungen für das Kind noch zusätzlich verschärfen.

Resilienz ist keine feste oder sogar angeborene Persönlichkeitseigenschaft, die ein Kind besitzt oder nicht besitzt. Resilienz entwickelt sich nach den heutigen wissenschaftlichen Erkenntnissen in einem komplexen Zusammenspiel von Merkmalen des Kindes und seiner Lebensumwelt. Es spielen hier neben Personenmerkmalen, wie Temperamentseigenschaften des Kindes, Umweltfaktoren, wie etwa die Reaktionen der Eltern und anderer enger Bezugspersonen, das elterliche Erziehungsverhalten und die Förderung in Kindergarten und Schule eine zentrale Rolle. Alle positiven und stabilisierenden Erfahrungen in diesen Lebensfeldern begünstigen die Ausbildung einer ausgeprägten Resilienz beim Kind.

Die sozialen Beziehungen sind für die Entwicklung von Resilienz entscheidend. Resilienz baut auf verlässliche Beziehungsangebote. Das Kind braucht in allererster Linie aufmerksame Eltern und weitere Bezugspersonen, die auf seine Bedürfnisse eingehen und seine Anliegen und Fragen ernstnehmen.

Merke

Resilienz ist kein fester seelischer Schutzschirm, der Kinder gegenüber allen familiären und sozialen Belastungen lebenslang immunisiert. Resiliente Kinder sind nicht unverwundbar! Resilienz ist die Fähigkeit, Belastungen abzupuffern und mögliche schädigende Einflüsse auf die Entwicklung der Kinder abzumildern oder zu verhindern. Diese Fähigkeit ist nicht angeboren, sondern entwickelt sich in einem Zusammenspiel von Merkmalen des Kindes und seiner Umgebung. Die sozialen Beziehungen sind für die Entwicklung von Resilienz entscheidend.

Resilienz ist eine Fähigkeit, die gefördert und gestärkt werden kann. Die Möglichkeiten und Methoden einer gezielten Resilienzförderung werden im dritten Kapitel des Ratgebers ausführlich behandelt.

Welche Merkmale bestimmen die Widerstandsfähigkeit? Welche Einflussfaktoren führen zur Resilienz? Die Wurzeln für die Entstehung der Resilienz liegen in besonders schützenden Faktoren innerhalb des Kindes, in der Familie und in seinem sozialen Umfeld.

2.2 Was zeichnet resiliente Kinder aus?

Die Resilienzforschung fragt danach, über welche Stärken und Kräfte – in der Psychologie spricht man von Ressourcen – Kinder verfügen, die sich trotz Belastungen und Risiken psychisch gesund entwickeln. In wissenschaftlichen Studien wurden Kinder in ungünstigen und belastenden Lebensumständen – Gewalt in der Familie, Trennung und Scheidung der Eltern, Armut, Krebserkrankung eines Elternteils, Suchterkrankung oder seelische Erkrankung eines Elternteils – über längere Zeiträume beobachtet. Die Forscher_innen konnten Fähigkeiten und Kräfte bei den Kindern, in der Familie und im sozialen Umfeld identifizieren, die die Resilienz beeinflussen. In der Wissenschaft spricht man von generellen Schutzfaktoren, die Kinder unabhängig von der Art der Belastungen stärken können.

Über welche Schutzfaktoren resiliente Kinder verfügen, konnte erstmals in einer eindrucksvollen Längsschnittstudie auf der Hawaii-Insel Kauai aufgezeigt werden. Eine Forschungsgruppe begleitete etwa 700 Kinder, die 1955 auf der Insel zur Welt gekommen waren, über 40 Jahre hinweg wissenschaftlich. Die Untersuchungen fanden im Geburtsalter sowie im Alter von 1, 2, 10, 18, 32 und 40 Jahren statt. Es wurden Interviews mit Eltern, Lehrkräften und den Kindern durchgeführt, psychologische Tests eingesetzt sowie Informationen von Behörden, Sozial- und Gesundheitsdiensten eingeholt.

Das besondere Interesse galt den Kindern, die bereits vor ihrem zweiten Lebensjahr unter sehr schwierigen Bedingungen aufwuchsen, deren Kindheit beispielweise von Armut, psychischer Erkrankung der Eltern, Scheidung, Vernachlässigung und Misshandlung geprägt war. Zwei Drittel dieser hoch belasteten Kinder entwickelten Auffälligkeiten und Störungen. Sie fielen unter anderem durch Lern- und Verhaltensprobleme auf, gerieten als Jugendliche mit dem Gesetz in Konflikt oder hatten Drogen- und Alkoholprobleme. Bei dem restlichen Drittel der Kinder konnten die Wissenschaftler_innen zu keinem Zeitpunkt irgendwelche Verhaltensauffälligkeiten entdecken. Die Kinder waren aktiv, beliebt und erfolgreich in der Schule, waren motiviert, sich selbst zu verbessern, verfolgten realistische Ziele und entwickelten sich zu zuversichtlichen, selbstsicheren und leistungsfähigen Erwachsenen, die gut mit ihrem persönlichen und beruflichen Leben zurechtkamen.

In der sogenannten Kauai-Studie konnte also wissenschaftlich belegt werden, dass Kinder, die in schwierigen und hoch belasteten Familien aufwuchsen, eine gesunde, positive Entwicklung nehmen können. Auf der Suche nach den Wurzeln für diese günstigen Entwicklungsverläufe wurden drei Gruppen von generellen Schutzfaktoren gefunden, die in belastenden Lebensumständen und bei Bedrohungen für die kindliche Entwicklung als Puffer wirken und auf diese Weise das Risiko für Auffälligkeiten bzw. Störungen entscheidend reduzieren können: persönliche Schutzfaktoren des Kindes, familiäre Schutzfaktoren und soziale Schutzfaktoren. Diese Schutzfaktoren konnten mittlerweile in einer Reihe von Studien gefunden werden. In der Psychologie spricht man daher von bedeutsamen generellen Schutzfaktoren für eine gesunde Entwicklung der Kinder (vgl. Tabelle 2).

Tabelle 2: Überblick über generelle resilienzfördernde Schutzfaktoren

Persönliche Schutzfaktoren des Kindes	• Ausgeglichenes Temperament • Selbsthilfefertigkeiten • Problemlöse- und Kommunikationsfähigkeit • Selbstvertrauen und hohes Selbstwertgefühl • Kognitive Fähigkeiten und schulische Leistung • Selbstwirksamkeitsüberzeugungen • Soziale Kompetenz (Einfühlungsvermögen, Kontaktfähigkeit, Verantwortungsübernahme) • Kohärenzgefühl • Planungskompetenz
Familiäre Schutzfaktoren	• Strukturelle Familienmerkmale • Eltern-Kind-Beziehung – Sichere Bindung und positive Beziehung zu den Eltern • Positives Erziehungsklima • Zugewandtes, akzeptierendes und angemessen forderndes Erziehungsverhalten • Positive Paarbeziehung der Eltern • Familiäre Interaktionsmerkmale – Konstruktive familiäre Überzeugungen, wie Optimismus und Zuversicht – Flexibilität und emotionale Verbundenheit in der Familie
Soziale Schutzfaktoren	• Soziale und emotionale Unterstützung – durch fürsorgliche und zuverlässige Erwachsene außerhalb der engeren Familie, die Vertrauen fördern, Sicherheit vermitteln und als positive Vorbilder dienen (z. B. enge Verwandte, Lehrkräfte, Erzieher_innen) • Einbindung in unterstützende und anregende Freundschaftsbeziehungen • Positive Erfahrungen in der Schule • Integration in Gruppen, Vereine oder religiöse Vereinigungen

2.2.1 Persönliche Schutzfaktoren des Kindes

Ausgeglichenes Temperament

Unter Temperament werden in der Psychologie die Besonderheiten in der Persönlichkeit verstanden: die Empfindlichkeit gegenüber Reizen, die Stärke von Reaktionen und der Umgang mit Gefühlen, Stimmungen und Wünschen. Bereits im Säuglingsalter wurden die resilienten Kinder der Kauai-Studie von ihren Bezugspersonen als aktiv, liebevoll und aufgeschlossen beschrieben. Sie konnten sich gut an neue Situationen anpassen und waren kontaktfreudiger, ausgeglichener und fröhlicher als die weniger robusten und widerstandsfähigen Kinder. Sie zeigten ein ausgeglichenes Temperament, das die Beziehung zu den Eltern erleichterte. Kinder mit einem ausgeglichenen Temperament lösen bei den Eltern und anderen Bezugspersonen positive Reaktionen, also Aufmerksamkeit, Wärme und Zuwendung aus. Hingegen werden Kinder mit einem sogenannten „schwierigen" Temperament, die unruhiger und weniger ausgeglichen sind, sich also schlechter an neue Situationen anpassen können, in der Familie oftmals als Ursache für Auseinandersetzungen wahrgenommen und geraten schnell in die „Schusslinie" bei Konflikten. Kinder mit „schwierigem" Temperament entwickeln bei Belastungen in der Familie mit höherer Wahrscheinlichkeit Verhaltensauffälligkeiten und psychische Störungen.

Selbsthilfefertigkeiten

Im Kleinkindalter zeigen sich die resilienten Kinder im Vergleich zu den nicht resilienten Kindern als deutlich selbstständiger, selbstbewusster und unabhängiger. Sie sind in ihrer Kommunikations- und Bewegungsfähigkeit weiterentwickelt und finden durch ihre Offenheit und Freundlichkeit guten Kontakt sowohl zu Gleichaltrigen, beispielsweise in Spielsituationen, als auch zu Erwachsenen. Resiliente Kinder besitzen darüber hinaus gut entwickelte Selbsthilfefertigkeiten. Sie versuchen, selbst Lösungen für ihre Probleme zu finden, können aber auch um Hilfe bitten, wenn sie allein nicht mehr weiterwissen. Gegenüber neuen Erfahrungen zeigen sich resiliente Kinder offen und neugierig. Sie erkunden und entdecken aktiv ihre Umwelt.

Problemlöse- und Kommunikationsfähigkeiten sowie Selbstvertrauen und ein positives Selbstwertgefühl

Die resilienten Kinder der Kauai-Längsschnittstudie verfügten im Alter von zehn Jahren über gut entwickelte *Problemlöse- und Kommunikationsfähigkeiten* und zeichneten sich durch ausgeprägtes *Selbstvertrauen* und ein *positives Selbstwertgefühl* aus. Es stellte sich heraus, dass resiliente Kinder ihre Gefühle besser ausdrücken und Signale der anderen Personen besser verstehen konnten. Dadurch waren sie besser in der Lage, ihr Verhalten situationsangemessener auszurichten. In Problemsituationen übernahmen sie Verantwortung und bemühten sich aktiv um eine Problemlösung. Sie warteten also nicht erst ab, bis ihnen jemand von außen das Problem abnahm oder zu Hilfe kam. Sie konnten dabei gut einschätzen, ob sie allein mit dem Problem fertig werden oder ob sie besser aktiv nach Hilfe suchen sollten. Der Fähigkeit, Probleme schnell und wirksam lösen zu können, kommt eine große Bedeutung zu, denn Problemlösen gehört zu den Voraussetzungen, um überhaupt mit Belastungen fertig zu werden. Wer mit schwierigen Situationen gut umgehen kann, wer also weiß, wie man sich verhalten soll und welche Möglichkeiten es gibt, das Problem zu lösen, der kann mit Belastungen schneller und besser fertig werden. Eine solche Fähigkeit zur realistischen Einschätzung von Problemen bzw. schwierigen Situationen erfordert ein gewisses Maß an Selbstvertrauen und Selbstwertgefühl.

Kinder mit einem hohen Selbstwertgefühl haben ein positives Bild von ihrer eigenen Person, sie sind mit sich selbst zufrieden, sehen sich als wertvoll an und vertrauen auf ihre Fähigkeiten und ihr Wissen. Dieses Selbstvertrauen hilft ihnen, vor schwierigen oder neuen Situationen nicht zurückzuschrecken, sondern sie als Herausforderung zu betrachten. Sie gehen davon aus, dass sie Lösungen für Probleme finden werden, diese Lösungen durchführen können und so die Aufgaben erfolgreich meistern werden. Gleichzeitig zeigen Kinder mit einem hohen Selbstvertrauen eine gewisse Willensstärke: Sie können auch Erwachsenen gegenüber „Nein" sagen, stellen eigene Forderungen und versuchen diese auch gegen die Meinung anderer durchzusetzen. Diese Stärke bekräftigt sie in ihrem Vertrauen darauf, auch eine schwierige Situation bewältigen zu können. Daher treten sie unbekannten Situationen oder Veränderungen im Alltag nicht ängstlich, sondern eher neugierig und erwartungsvoll entgegen.

Kognitive Fähigkeiten und schulische Leistung

Resiliente Kinder sind in der Lage, ihre eigenen Fähigkeiten und Fertigkeiten wirksam zu nutzen. In der Kauai-Studie zeigte sich beispielsweise, dass sich diese Kinder in der Schule gut konzentrieren konnten und ein überdurchschnittliches Maß an Ausdauervermögen aufwiesen. Die Folge waren gute Schulleistungen, die wiederum eine wirksame Quelle für Selbstbestätigung und Anerkennung waren, was dazu beitrug, dass sie viele Belastungen in der Familie und in ihrem Alltag ausgleichen konnten.

Selbstwirksamkeitsüberzeugungen

Resiliente Kinder besitzen darüber hinaus ausgeprägte Selbstwirksamkeitsüberzeugungen. Damit ist die Überzeugung einer Person gemeint, durch eigenes Handeln tatsächlich etwas bewirken zu können, also Probleme verändern oder bewegen zu können, das heißt sich in Situationen gewissermaßen als „wirksam" zu erleben. Wer nicht erwartet, mit seiner Handlung etwas bewirken zu können, wird erst gar nicht versuchen, etwas zu verändern oder zu bewegen, sondern die gesamte Situation möglichst meiden und sich negativ einschätzen. Wer hingegen positive Erwartungen in Bezug auf seine Selbstwirksamkeit besitzt, wird Zuversicht und Vertrauen in die eigenen Fähigkeiten aufbauen und diese auch auf neue Situationen und Probleme übertragen.

Merke

Selbstwirksamkeitsüberzeugung gilt als besonders prägender Schutzfaktor, weil er wesentlich das Denken, die Überzeugungen und Motivation einer Person beeinflusst. Selbstwirksamkeit führt uns Menschen zu der Überzeugung, dass wir Einfluss auf die Dinge des eigenen Lebens ausüben, das heißt beispielsweise, dass wir Probleme durch unser eigenes Tun beeinflussen, lösen oder sogar ganz verhindern können.

Es herrscht die Überzeugung vor, dass Ereignisse nicht außerhalb unserer Kontrolle sind und von Glück, Zufall oder ausschließlich von anderen Personen bestimmt werden. Geringe Selbstwirksamkeitsüberzeugungen fördern dagegen Hoffnungslosigkeit, Hilflosigkeit und Resignation.

In der Kauai-Studie wurde deutlich, dass die resilienten Kinder Zuversicht und Vertrauen in sich selbst besaßen, was mit positiver Selbsteinschätzung und mehr Eigeninitiative einherging.

Soziale Kompetenz und ausgeprägtes Kohärenzgefühl

Im Jugendalter zeichneten sich resiliente Kinder zum einen durch eine hohe *soziale Kompetenz* und ein positives Selbstkonzept aus. In der Kauai-Studie waren die resilienten Jugendlichen verantwortungsbewusst, selbstständig und leistungsorientiert und zeigten sich insgesamt sozial und emotional reifer als die vergleichbaren nicht resilienten Kinder. Sie verfügten über gute Problemlösestrategien, Selbstvertrauen in eigene Fähigkeiten und über optimistische und zuversichtliche Lebenseinstellungen.

Zum anderen besaßen die resilienten Jugendlichen mehr Einfühlungsvermögen gegenüber anderen Menschen. Sie wussten, warum andere erfreut oder ärgerlich reagierten, und konnten dessen Gefühle und Verhaltensweisen nachvollziehen und verstehen. Den Kindern fiel es jedoch nicht nur leichter, einfühlsam auf andere zu reagieren, sondern auch, ihre eigenen Gefühle wahrzunehmen und den Eltern oder Freunden zu erzählen, was sie besorgt oder bewegt. Dieses Einfühlungsvermögen half ihnen, mit anderen Kindern in Kontakt zu kommen und Freundschaften zu schließen. Dabei orientierten sich die Kinder an den Regeln, die in der Gruppe herrschten, beobachteten Veränderungen, z. B. von Freundschaftsbeziehungen, sehr genau und passten ihr Verhalten daran an. Kam es zu Konflikten innerhalb der Gruppe, wurden die resilienten Kinder schnell zu Streitschlichter_innen, da sie durch ihre Einfühlsamkeit die Verärgerungen der Beteiligten besser verstehen konnten, gleichzeitig aber Problemlösungswege erkannten. Wirksame Konfliktlösestrategien, aber auch Selbstvertrauen und Zuversicht, dass die Dinge sich zum Guten wenden werden, also Optimismus, waren zentrale Merkmale. Resiliente Jugendliche waren auch verantwortungsbewusster, selbstständiger und zielorientierter als die nicht resilienten Jugendlichen. Sie übernahmen oftmals auch bewusst Verantwortung in und für die Familie. Sie kümmerten sich beispielsweise bei Krankheit der Eltern um die Betreuung jüngerer Geschwister oder führten den Haushalt, kochten Essen, machten die Wäsche oder erledigten Einkäufe. Diese frühzeitige Verantwortungsübernahme begünstigt die Entwicklung der Selbstwirksamkeit wie umgekehrt durch die Selbstwirksamkeitsüberzeugung wiederum die

Bereitschaft zur Verantwortungsübernahme gefördert wird. Diese Tätigkeiten vermitteln den Jugendlichen die Erfahrung, im eigenen Tun einen Sinn und Zweck im Leben zu erkennen. In der Psychologie spricht man hier von einem *Kohärenzgefühl.* Damit ist die Überzeugung des Menschen gemeint, dass das Leben und die Aufgaben, die man bewältigen muss, sinnvoll sind und dass es sich lohnt, sich dafür einzusetzen und Energie darin zu investieren. Ein Psychologe hat es einmal folgendermaßen formuliert: Ein Mensch, der keinen Sinn im Leben finden kann, wird das Leben immer nur als Last und jede sich stellende Aufgabe als zusätzliche Qual empfinden.

Merke

Das Kohärenzgefühl stellt für uns Menschen so etwas wie einen grundlegenden Schutzfaktor, eine allgemeine Lebenseinstellung dar, die uns in die Lage versetzt, flexibel auf die jeweiligen Anforderungen zu reagieren und in Belastungssituationen wirksame Kräfte bzw. Schutzfaktoren zu aktivieren.

Planungskompetenz

Resiliente Jugendliche zeichnen sich durch Planungskompetenz aus. Sie streben eigene, realistische Berufs- und Lebensziele an. Ausgehend von einer realistischen Einschätzung ihrer Erfahrungen und Möglichkeiten sind sie in der Lage, ihre Zukunft bewusst zu planen. Eng verknüpft mit Planungskompetenz sind gute Problemlösefähigkeiten, Selbstwirksamkeitserwartungen und die Fähigkeit, Entscheidungen selbstständig treffen zu können.

2.2.2 Familiäre Schutzfaktoren

Strukturelle Familienmerkmale

Die Bedeutung einer geregelten Struktur in den alltäglichen familiären Abläufen kann durch viele Studien belegt werden. Zu diesen Merkmalen zählen eine regelte Tagesstruktur in der Familie und Rituale, z. B. für das gemeinsame Essen oder für Geburtstagsfeiern oder für gemeinsame Unternehmungen der Familie.

Sichere Bindung und positive Beziehung zu den Eltern

Bereits in der Kauai-Studie zeigte sich, dass trotz der schwierigen Lebensumstände die resilienten Kinder eine stabile und emotional *sichere Bindung* zu mindestens einer relevanten Bezugsperson hatten, die eine fürsorgliche Betreuung bot sowie altersgemäße Anregungen und Förderung vermittelte. Die Bezugspersonen waren vor allem die Eltern, aber auch Großeltern oder nahe Verwandte wie Onkel oder Tanten und manchmal auch ein älteres Geschwister. Die relevanten Bezugspersonen gingen angemessen und feinfühlig auf die Bedürfnisse und Signale des Kindes ein, wodurch sich ein sicheres Bindungsmuster entwickeln konnte. Sicher gebundene Kleinkinder haben Vertrauen in die Verfügbarkeit und Verlässlichkeit der Bezugspersonen als Quelle von Sicherheit und Beruhigung. Sie spielen ausgeglichener, konzentrierter und trauen sich, die Welt um sie herum zu entdecken. Für ältere Kinder stellt diese Bezugsperson einen Menschen dar, der für sie sorgt und sie tröstet, der sich liebevoll um sie kümmert, den sie bei Sorgen und Ängsten ansprechen können, der sie bei Schwierigkeiten unterstützt und auf den sie sich verlassen können. Es lässt sich beobachten, dass sicher gebundene Kinder ein besseres Selbstwertgefühl und mehr Selbstvertrauen haben und eine höhere soziale Kompetenz entwickeln als unsicher gebundene Kinder. Sie gehen auf Gleichaltrige und andere Personen angemessen zu und haben bessere Beziehungen in ihrem Umfeld als unsicher gebundene Kinder. Zu einer sicheren Bindung gehört aber auch eine altersgemäße Ablösung. Kinder benötigen auch Freiräume, um die Welt entdecken und Beziehungen zu Gleichaltrigen und anderen Personen erproben und Schritt für Schritt aufbauen zu können. Sichere Bindung bedeutet also nicht Überbehütung, sondern eine Anpassung des Bindungsverhaltens an die Entwicklung der Kinder, wobei die Beziehung zu den Eltern bzw. engen erwachsenen Bezugspersonen die emotionale Basis und Rückzugsmöglichkeit bleibt.

Merke

Eine sichere, feinfühlige Bindung gilt als wesentliche Grundlage, auf der sich die Fähigkeit der Kinder zur Bewältigung von Belastungen entwickelt. Sichere Bindungen tragen zur Entwicklung von Selbstwertgefühl und Selbstvertrauen, Selbstwirksamkeit, sozialer Kompetenz sowie von Kommunikations- und Problemlösefähigkeit bei.

Positives Erziehungsklima

Das emotionale Klima in Familien von resilienten Kindern ist herzlich und durch die elterliche Wärme geprägt. Zugleich bestehen klare Regeln für das Verhalten und das soziale Miteinander in der Familie. Die Erziehung ist angemessen fordernd und kontrollierend: Kinder übernehmen entsprechend ihres Alters Verantwortung in der Familie, wie z. B. das Aufräumen des eigenen Zimmers. Die Eltern erwarten, dass solche Aufgaben auch erfüllt werden. Daneben scheint auch eine klare Einhaltung der Elternrolle Resilienz zu fördern. Damit ist gemeint, dass Eltern die Kinder als gleichberechtigte Partner betrachten, deren Wünsche und Interessen ernst nehmen und ihnen in der Familie den dazu notwendigen Raum geben, aber zugleich deutlich machen, dass es Bereiche in der Familie gibt, bei denen sie nicht gleichberechtigt mitentscheiden dürfen. Aus der Familienpsychologie wissen wir, dass solche Grenzsetzungen für das Funktionieren einer Familie sehr wichtig sind, wobei diese Grenzen für das Kind immer nachvollziehbar und altersgemäß flexibel gesetzt werden sollten. Die Grenzen zwischen Eltern und Kindern in resilienten Familien zeichnen sich durch Klarheit und Eindeutigkeit, aber auch Durchlässigkeit aus, um sich neuen Situationen und Herausforderungen, beispielsweise ausgelöst durch eine akute Erkrankung eines Elternteils, besser anpassen zu können. In resilienten Familien wird daher ein offener Gesprächsstil praktiziert. So wissen die Kinder von der Krankheit und sind in die familiären Geschehnisse, die mit der Krankheit verbunden sind, einbezogen sowie über Veränderungen, von denen sie unmittelbar betroffen sind, informiert (vgl. Kapitel 2.3).

Gute Paarbeziehung

Ein weiterer wichtiger familiärer Schutzfaktor für die Kinder ist eine *gute Paarbeziehung* der Eltern. Eltern sind die „Architekt_innen" der Familie. Sie schaffen das emotionale Fundament für das Zusammenleben und halten es aufrecht. Wie die Eltern miteinander umgehen, wie sie miteinander sprechen, wie sie Konflikte und Probleme lösen, prägt entscheidend die familiäre Atmosphäre. Wenn Kinder erleben, dass die Eltern offen und wertschätzend über Gefühle und Probleme sprechen, gemeinsam nach Lösungen und Auswegen suchen, sich gegenseitig unterstützen sowie sich respektvoll und liebevoll begegnen, vermittelt dies ihnen Sicherheit und Geborgenheit. Eltern bieten den Kindern darüber hinaus dadurch auch ein positives Modell. Bereits kleine Kinder ahmen beobachtete Verhaltensweisen der Eltern nach. Kinder lernen immer wieder Neues, indem sie andere Personen beobachten. Die Eltern stellen dabei ein besonders einflussreiches Modell dar.

Konstruktive Überzeugungen in der Familie

Als weitere wesentliche familiäre Schutzfaktoren für Kinder erweisen sich verschiedene gemeinsame Merkmale der Familie, die man oftmals gar nicht direkt beobachten kann, sondern die erst in den Belastungssituationen als wichtiger Schutzschirm und Puffer wirksam werden. So üben die grundlegenden Überzeugungen der Familie einen starken Einfluss darauf aus, wie die Kinder ungünstige Umstände wahrnehmen und darauf reagieren. Resiliente Familien legen Wert auf ein Zusammengehörigkeitsgefühl und sehen in der Bewältigung der belastenden Lebensumstände eine gemeinsame Herausforderung. In diesen Familien überwiegt die Überzeugung, dass die Probleme am besten dann überwunden werden können, wenn die Familienmitglieder zusammenstehen und gemeinsam versuchen, Lösungen oder Wege aus der Krise zu finden. Eine optimistische Einstellung legt Energien frei und motiviert zu Anstrengungen, sich mit widrigen Lebensumständen auseinanderzusetzen. Resiliente Familien haben Hoffnung, eine Situation meistern zu können und Vertrauen zu entwickeln, dass durch Bemühungen etwas bewirkt werden kann. Optimismus bedeutet nicht Verleugnung der Wirklichkeit und der möglichen Grenzen von Veränderung bzw. Besserung, sondern eine positive Haltung, die zu Anstrengungen ermuntert, die Belastungen und Gefährdungen zu reduzieren und Chancen auf Veränderungen zu erhöhen. Viele Familien ziehen die Kraft und Orientierung, aber auch den Trost aus ihren religiösen Bindungen. Gläubigkeit und das Zusammengehörigkeitsgefühl in religiösen Gemeinschaften und Kirchengemeinschaften stellen wichtige Quellen der Resilienz dar. Manche Menschen finden ihre spirituelle Stütze auch in ihrer Verbundenheit mit Natur, Musik oder Kunst.

Flexibilität und emotionale Verbundenheit in der Familie

Eine resiliente Familie kann sich auf unterschiedliche Weise organisieren und auf verschiedene Situationen einstellen, um mit den Herausforderungen und Belastungen, mit denen sie konfrontiert ist, angemessen fertig zu werden. Mit den Begriffen *Flexibilität* und *Verbundenheit* werden diese Merkmale familiärer Resilienz bezeichnet. Mit Flexibilität wird die Fähigkeit bezeichnet, sich veränderten bzw. wechselnden Situationen rasch anzupassen und wieder Stabilität herzustellen. Wenn z.B. Eltern psychisch erkranken, an Krebs erkranken oder sich scheiden lassen, ist in der Familie eine Aufrechterhaltung des normalen und vertrauten Lebens meist nicht mehr bzw. eine Rückkehr dazu für eine bestimmte Zeit nicht mehr möglich. Die Familie muss sich deshalb möglichst schnell an die neue Situation anpassen können. Dazu ist es notwendig, die eingetretene Situation zu sondieren, neue Vorstellungen über das Familienleben zu entwickeln, Aufgaben in der Familie zumindest vorübergehend neu zu verteilen, Beziehungen neu zu gestalten oder auszugleichen, um mit den veränderten Bedingungen fertig werden zu können. Einen weiteren wichtigen Aspekt der familiären Resilienz stellt Verbundenheit der Familienmitglieder dar. Verbundenheit meint die gefühlsmäßige Bindung untereinander und das Gefühl der inneren Verpflichtungen, sich bei Belastungen und Problemen gegenseitig zu stützen und die Herausforderungen gemeinsam durchzustehen. Zugleich wird in resilienten Familien respektiert, dass jedes Mitglied anders ist als die anderen, eine eigene Persönlichkeit besitzt und auch seine Grenzen hat. So kann es sein, dass sich nach der Erkrankung eines Elternteils ein Kind zunächst völlig zurückzieht oder am liebsten mit Freund_innen unterwegs ist, scheinbar alles wegschiebt, während das andere Kind sehr besorgt ist und sich bemüht, die kranke Mutter oder den kranken Vater zu entlasten, indem es Aufgaben übernimmt. Vielleicht braucht ein Kind oder auch ein Elternteil einfach länger, sich mit der eingetretenen Situation zurechtzufinden als die anderen Familienmitglieder.

2.2.3 Soziale Schutzfaktoren

Soziale und emotionale Unterstützung

Resiliente Kinder verfügen über zuverlässige Quellen sozialer und emotionaler Unterstützung und haben auch die Erlaubnis der Eltern, sich diesen Personen anzuvertrauen. Das Einverständnis der Eltern ist die Voraussetzung dafür, dass Kinder den Schritt überhaupt wagen und bei Personen außerhalb der Familie Unterstützung suchen. Eine solche Person kann vor allem in Belastungs- und Krisenzeiten, wie sie z. B. die akute Erkrankung eines Elternteils und der damit verbundene Krankenhausaufenthalt darstellen, die Kinder begleiten und im Leben des Kindes zu einem stabilisierenden Faktor und einer wichtigen Bezugsperson werden, die Schutz und Sicherheit bietet. Aus der Forschung wissen wir, dass in derartigen Belastungssituationen die Eltern oftmals mit ihren eigenen Sorgen und Problemen so stark beschäftigt sind und sich nicht mehr genügend um die Sorgen und Ängste ihrer Kinder kümmern können. Vertraute außerfamiliäre Bezugspersonen bilden in solchen Situationen einen Schutz gegenüber den Belastungen. Sie vermitteln Geborgenheit, Rückhalt und Rat, sie können trösten und zuhören, Mut zusprechen oder sie auch direkt unterstützen, indem sie mit den Kindern etwas unternehmen oder z. B. bei den Hausaufgaben helfen. Darüber hinaus bieten sie ein wichtiges weiteres Modell für die Kinder, wie mit Problemen und Belastungen umgegangen werden kann.

Unterstützende und anregende Freundschaftsbeziehungen

Ein weiterer schützender Effekt geht von den positiven Kontakten zu anderen Kindern und von den Freundschaftsbeziehungen aus. Die Forschung zeigt, dass die Beziehungen zu den anderen Kindern in jeder Altersstufe bedeutsam sind. Kinder erleben durch den Kontakt zu Freund_innen Ablenkung von schwierigen Situationen, erfahren dadurch Normalität, Spaß und Ungezwungenheit. Das soziale Spiel mit Gleichaltrigen bietet ein wichtiges Lernfeld, da sich die Kinder vom Alltag lösen und ihre Gefühle ausdrücken können. Die gemeinsamen Aktivitäten besitzen für Kinder den besonderen Stellenwert, weil sie Erfahrungen und den Erwerb von sozialen Kompetenzen auf einer weitgehend gleichberechtigten Ebene ermöglichen: Sie lernen zu teilen, sich gegenseitig zu helfen, sich in andere hineinzuversetzen, in bestimmten Situationen durchzusetzen oder nachzugeben und die Bedürfnisse anderer zu akzeptieren. Gleichaltrige stellen wirksame Modelle dar. So beobachten Kinder andere Kinder, wie diese z.B. mit Problemen oder Streitigkeiten umgehen und übernehmen solche Verhaltensweisen. Eine besondere Rolle spielen für die Kinder dabei immer die Kontakte zu den etwas älteren Kindern. Es zeigt sich, dass die jüngeren Kinder beispielsweise Verhaltensmuster, Umgangsformen und Konfliktlösungsstrategien von ihren älteren Gefährt_innen besonders nachahmen. Diese Vorbilder spielen eine wichtige Rolle, etwa beim Umgang mit Belastungen in der Familie oder bei schulischen Schwierigkeiten.

Für Jugendliche haben Freundschaftsbeziehungen eine große Bedeutung bei dem wichtigen Prozess der emotionalen Ablösung von den Eltern, den Aufbau stabiler Beziehungen zu Gleichaltrigen und der Selbstfindung, d.h. der Entwicklung eigener Ziele, Wertvorstellungen und Überzeugungen.

Positive Erfahrungen in der Schule und Integration in der Freizeit

Einen schützenden Faktor stellen auch positive Erfahrungen in der Schule dar. Es zeigt sich, dass resiliente Kinder gerne in die Schule gehen. Die Schule kann als ein Ort der Anerkennung, Zuwendung, der Bestätigung und der Einbindung in ein Freundschaftsnetzwerk erlebt und Kindern gerade in schwierigen Lebenssituationen als Nische oder Insel wirksam werden, die Ausgleich und Ablenkung vermittelt. Ähnlich wirksame Unterstützungssysteme können Freizeitgruppen, Sportvereine oder Kirchengemeinden sein. Durch gemeinsame Aktivitäten und durch das Teilen gemeinsamer Ideen und Interessen wird ein Zusammenhalt mit Gleichaltrigen geschaffen, der Erholung, Abwechslung und Ablenkung sowie auch Bestätigung und Anerkennung für die Kinder ermöglicht.

Hintergrundwissen: Familiäre Schutzfaktoren und familiäre Resilienz

Wissenschaftliche Studien belegen, dass den familiären Schutzfaktoren eine große Bedeutung für eine gesunde und positive Entwicklung von Kindern zukommt. So konnte in der BELLA-Studie, in der die psychische Gesundheit von Kindern und Jugendlichen in Deutschland untersucht wurde, aufgezeigt werden, dass familiäre Schutzfaktoren die Wahrscheinlichkeit für psychische Störungen bei Kindern stark verringern. In der am Robert-Koch-Institut durchgeführten Studie zeigte sich darüber hinaus, dass familiäre Schutzfaktoren auch das allgemeine Wohlbefinden und die Lebensqualität der Kinder positiv beeinflussen.

Die Bedeutung der familiären Schutzfaktoren legt den Blick auf die Familie als Ganzes und auf die familiäre Resilienz nahe (Lenz, 2021). Die familiäre Resilienz zielt auf Prozesse ab, die es der Familie ermöglichen, ihre Aufgaben trotz belastender Lebensumstände gut zu erfüllen und eine gesunde Entwicklung ihrer Mitglieder zu fördern. Ein wichtiges Merkmal der familiären Resilienz ist die offene Kommunikation. In resilienten Familien äußern Eltern ihre Gefühle, Wünsche und Bedürfnisse und ermutigen ihre Kinder, Gefühle, Wünsche und Bedürfnisse zum Ausdruck zu bringen. Die Eltern bemühen sich darum, sich in ihre Kinder hineinzuversetzen und die Welt durch deren Augen zu sehen.

Damit werden die emotionale Verbundenheit und Zusammengehörigkeit in der Familie gestärkt und die Flexibilität beim Umgang mit Belastungen gefördert. Die Familie wird in Anbetracht von schwierigen Situationen und belastenden Lebensumständen dadurch widerstands- und anpassungsfähiger.

2.3 Schutzfaktoren bei Kindern psychisch erkrankter Eltern

Wissenschaftliche Untersuchungen zeigen, dass resiliente Kinder psychisch erkrankter Eltern neben den generellen persönlichen, familiären und sozialen Schutzfaktoren noch über weitere Schutzfaktoren verfügen, die sie gegenüber den Belastungen stärken (Lenz, 2014). Es sind speziell zwei Schutzfaktoren, die besonders wirksam sind, und zwar

- Krankheitswissen und Krankheitsverstehen der Kinder sowie
- ein offener und aktiver Umgang mit der Krankheit in der Familie.

Krankheitswissen und Krankheitsverstehen

Wenn Eltern psychisch erkranken, hat das unmittelbare Auswirkungen auf die Kinder. Sie beobachten die Veränderungen im Verhalten und in der Stimmung des erkrankten Elternteils, spüren die Sorgen des gesunden Elternteils oder naher Verwandter und erleben unmittelbar Veränderungen im Familienleben. Die Kinder reagieren darauf mit Sorgen und Ängsten, die umso größer werden, wenn sie die Situation nicht einschätzen können, wenn sie nicht wissen und verstehen, was passiert oder allenfalls vage Andeutungen erhalten haben. Unwissenheit verstärkt die Sorgen und Ängste der Kinder und löst bei ihnen schlimme Befürchtungen und Fantasien aus.

Das Wissen um die Krankheit der Eltern und Informationen über Krankheitsverlauf und Behandlung stellen für die Kinder hingegen einen ganz besonderen Schutzfaktor dar. Es geht hierbei nicht um eine bloße Vermittlung von Wissen über die Krankheit, über die Symptome oder über die Diagnose und über die Behandlung, sondern um eine altersgemäße Aufklärung des Kindes, das Verstehen der Beobachtungen und Erlebnisse ermöglicht. Schutz und Widerstandsfähigkeit bietet also nicht ein „abstraktes" Wissen über die Krankheit, sondern ein Verständnis für die elterlichen Verhaltensweisen, für die Auswirkungen der Krankheit auf die Familie und die Belastungen, die sich im Alltag ergeben können. Wissensvermittlung erfolgt immer mit dem Ziel, das Verständnis der Kinder zu verbessern. Die Anknüpfungspunkte sollten dabei die Fragen, Sorgen und Ängste der Kinder sein. Diese können von Kind zu Kind sehr unterschiedlich sein und werden sich im Verlauf der Krankheit und Behandlung auch verändern. So lässt sich beispielsweise häufig beobachten, dass die Fragen und Sorgen der Kinder in der akuten Krankheitsphase, die mit einer Klinikeinweisung einhergehen, anders gelagert sind als nach dem Klinikaufenthalt, wenn sich der Gesundheitszustand des erkranken Elternteils wieder stabilisiert hat. Ein Kind, das die Erkrankung zum ersten Mal erlebt, hat andere Fragen als Kinder, die bereits mehrmalige Krankheitsphasen erlebt haben.

Krankheitswissen und Krankheitsverstehen vermitteln den Kindern Hoffnung, Mut und Zuversicht für die Zukunft. Es befähigt sie, die familiäre Situation besser einordnen und einschätzen zu können und daraus wieder mehr Kraft für ihr eigenes Leben zu schöpfen. Kinder können dadurch ihre eigenen Angelegenheiten wieder mehr in die Hand nehmen, den Anforderungen in der Schule und in ihrem Alltagsleben wieder gerecht werden. Kinder, die kein oder lediglich geringes Wissen über die Krankheit haben, müssen hingegen immer auf der Hut sein, weil sie die Situation nicht ausreichend einschätzen können und nicht wissen, was auf sie zukommt.

Umgang mit der Krankheit in der Familie

Ein offener und aktiver Umgang der Eltern mit der Erkrankung stellt einen weiteren besonderen Schutzfaktor für Kinder psychisch kranker Eltern dar. Kinder beobachten sehr genau, wie innerhalb der Familie mit der elterlichen Erkrankung umgegangen wird: Sprechen Mama und Papa über die Krankheit? Sprechen sie auch mit den Kindern und anderen Personen darüber? Wie reagieren sie, wenn sich die Krankheit verschlimmert? Wirken sie dann eher hoffnungslos, resignieren sie oder versuchen sie, an der Situation etwas zu verändern? Suchen sie nach Hilfe und Unterstützung oder ziehen sie sich eher zurück? Dies alles spüren die Kinder und richten ihr Verhalten darauf aus. Wie die Eltern und andere Bezugspersonen aus der Familie mit der Krankheit umgehen, wirkt sich entscheidend auf den Umgang der Kinder mit der Erkrankung aus, da sie oftmals die Verhaltensweisen und Konfliktlösungen der Eltern übernehmen. Die Eltern leben also einen guten angemessenen Umgang mit der Situation vor und helfen so den Kindern, sich in dem oft schwierigen Alltag zurechtzufinden und die Belastungen verarbeiten zu können. Zugleich vermittelt ein offener und aktiver Umgang Hoffnung und Zuversicht.

Zu einem guten angemessenen Umgang mit der Erkrankung zählen:

- die Einsicht und Akzeptanz des betroffenen Elternteils, erkrankt zu sein,
- die Einsicht und Akzeptanz des gesunden Elternteils, dass die Partnerin bzw. der Partner psychisch erkrankt ist,
- keine Verleugnung der Krankheit (z. B. „Du hast doch eigentlich gar nichts“, „Das ist nur eine kurze Phase, dann geht es wieder“),
- aber auch keine Überbewertung (z. B. „Die Krankheit macht alles kaputt“, „Wir werden nie wieder so glücklich sein können wie früher“),
- keine Überforderung des erkrankten Elternteils oder der anderen Familienmitglieder (z. B. „Streng dich halt ein bisschen an, dann wird es schon gehen“),

- aber auch keine Unterforderung (z. B. „Du kannst das nicht tun, du bist doch krank“),
- offene Gespräche der Eltern miteinander über die Krankheit,
- offene Gespräche mit anderen Bezugspersonen der Familie über die Situation,
- offene Gespräche mit den Kindern über die Krankheit und das stetige Angebot, Fragen stellen zu dürfen.

Zu einem aktiven Umgang mit der Krankheit gehört auch die Organisation des täglichen Lebens und des Haushaltes. Insbesondere wenn die Mutter erkrankt ist, müssen die Aufgaben untereinander zeitweise so verteilt werden, dass jeder seinen Beitrag zum Funktionieren des Familienlebens beitragen kann, ohne jedoch dadurch überfordert zu werden. Aktiver, offener Umgang heißt auch, dass in der Familie kein Schweigegebot über die Krankheit verhängt wird, sondern dass das enge, vertraute soziale Netz aus Verwandten und Freund_innen einbezogen und über die Erkrankung informiert ist. Eine Offenheit gegenüber außenstehenden Vertrauenspersonen erleichtert der Familie die Suche nach Hilfe, Unterstützung und damit nach Entlastung. So können z. B. Verwandte oftmals eine zeitnahe und lebenspraktische Hilfe bieten, indem sie die Versorgung und Betreuung der Kinder oder die Erledigung der Einkäufe übernehmen und so wesentlich zu einer Entlastung beitragen. Psychisch erkrankte Menschen und ihre Familien brauchen professionelle Hilfe, um die Situation gut bewältigen zu können. Zu einem aktiven Umgang mit der Krankheit gehört auch die Nutzung der psychotherapeutischen und psychiatrischen Behandlungsmöglichkeiten durch die erkrankten Eltern. Verbessert sich die seelische Verfassung und Gesundheit der erkrankten Eltern, steigen auch die Zuversicht und Hoffnung der Kinder. Psychisch erkrankte Eltern stärken auch dadurch ihre Kinder, wenn sie die notwendige professionelle Hilfe in Anspruch nehmen.

Merke

Ein resilientes Kind psychisch erkrankter Eltern
- versteht, was mit der erkrankten Mutter bzw. mit dem erkrankten Vater los ist,
- weiß Bescheid, was sich durch die Erkrankung in der Familie möglicherweise ändern wird,

- erlebt, dass in der Familie offen über die Erkrankung gesprochen werden kann,
- weiß, dass vertraute Bezugspersonen – wie z.B. Oma, Opa, Onkel oder Tante – Bescheid wissen,
- weiß, dass es sich bei Bedarf an diese vertrauten Bezugspersonen wenden darf.

Was Kinder wissen wollen bzw. sollen, damit sie die erkrankten Eltern verstehen können, und wie mit den Kindern über die Krankheit gesprochen werden sollte, damit werden wir uns Kapitel 3.5 ausführlich beschäftigen.

2.4 Resilienz ist mehr als die Summe von Schutzfaktoren

Unter Resilienz wird die Fähigkeit verstanden, in Belastungssituationen persönliche, familiäre und soziale Schutzfaktoren als Puffer einsetzen und nutzen zu können. Nachdem zunächst die Suche nach den Schutzfaktoren im Mittelpunkt stand, ging die Resilienzforschung im zweiten Schritt der Frage nach, wie die Schutzfaktoren ihre Wirkung entfalten (Lenz, 2021). Die zentralen Fragestellungen lauteten: Was unterscheidet die „Resilienten" von den „Nicht-Resilienten"? Wie gelingt es, resilienten Menschen in schwierigen familiären und sozialen Umständen, Schutzfaktoren als Puffer einzusetzen und dadurch mit Belastungen besser fertig zu werden?

- Wie gelingt es manchen Kindern angesichts familiärer Belastungen, sich ein Selbstwertgefühl und ein Gefühl der Selbstwirksamkeit zu bewahren bzw. zu entwickeln, während andere Kinder resignieren?
- Wie schaffen es Kinder, in ihrem Umfeld soziale Unterstützung zu erhalten, von der sie in Belastungssituationen profitieren können?
- Wie gelingt es Eltern, in der Familie ein Gefühl der Verbundenheit und des Zusammenhalts herzustellen und aufrechtzuerhalten?
- Wie gelingt es den Eltern, in der Familie eine Atmosphäre des Vertrauens zu erzeugen, in der offen mit den Kindern über die Erkrankung gesprochen werden kann und Kinder ermutigt werden, Fragen zu stellen?

In einer wegweisenden amerikanischen Studie, in die Kinder und Jugendliche einbezogen waren, zeigte sich, dass die resilienten jungen Menschen über die Fähigkeiten zur *Selbstreflexion, Selbstregulation* und zur *Perspektivenübernahme* verfügten und sie diese Fähigkeiten in Belastungssituationen einsetzen konnten.

Hintergrundwissen: Selbstreflexion, Selbstregulation und Perspektivenübernahme

Selbstreflexion umfasst ein Nachdenken über sich selbst und die Selbstbeobachtung. Das bedeutet, Denken, Fühlen und Handeln werden mit dem Ziel analysiert und hinterfragt, mehr über sich selbst herauszufinden. Es geht darum, die eigenen Gedanken, Bedürfnisse, Wünsche und Überzeugungen wahrzunehmen und wertzuschätzen sowie um die Frage nach den Auswirkungen des eigenen Handelns. Es geht um die Fähigkeit, vorauszusehen und einschätzen zu können, was ein Handeln möglicherweise mit sich bringt. Diese Fähigkeit ist für den Umgang mit anderen und in Belastungssituationen von großer Bedeutung. Ziel des Vorgehens ist es, passende Handlungen zu unternehmen und unangebrachte Aktivitäten möglichst zu vermeiden.

Mit *Selbstregulation* ist die Fähigkeit gemeint, Aufmerksamkeit, Gefühle, Impulse und Handlungen zu steuern. Bei der Selbstregulation geht es darum, bei der Sache zu bleiben, sich nicht ablenken zu lassen, Pläne zu schmieden und umzusetzen und kurzfristigen Impulsen zu widerstehen.

Perspektivenübernahme bedeutet die Fähigkeit, sich in andere Menschen hineinzuversetzen und das Verständnis dafür zu haben, dass andere Menschen andere Meinungen, Gefühle, Werte und Gedanken haben können. Perspektivenübernahme ist die Fähigkeit, den Standpunkt eines anderen Menschen, der sich vom eigenen unterscheiden kann, bewusst einzunehmen, ohne dabei den eigenen Standpunkt zu verlieren.

In der Psychologie werden Selbstreflexion, Selbstregulation und Perspektivenübernahme als reflexive Fähigkeiten bezeichnet. Die resilienten Kinder, die in der genannten amerikanischen Studie diese reflexiven Fähigkeiten aufwiesen, haben mindestens eine elterliche Bezugsperson erlebt, die über die Fähigkeit zur Selbstreflexion, Selbstregulation und Perspektivenübernahme verfügte. Diese Befunde zeigen, dass Eltern und wichtige erwachsene Bezugspersonen für Kinder wichtige Vorbilder für den Erwerb reflexiver Fähigkeiten darstellen. Kinder erwerben in ihrer Entwicklung erst allmählich die reflexiven Fähigkeiten. Durch das Modell der Erwachsenen wird bereits in der frühen Kindheit das Fundament dazu gelegt.

Hintergrundwissen: Entwicklung reflexiver Fähigkeiten

Reflexive Fähigkeiten ermöglichen die wichtige Unterscheidung zwischen innerer Realität (den eigenen Gedanken, Gefühle und Wünsche) und äußerer Realität (den Gedanken, Gefühle und Wünsche anderer Personen). Dadurch wird es möglich, soziale Situationen zu verstehen, vorherzusagen und eigene Gefühle zu steuern.

Kinder erlernen erst allmählich die Fähigkeit, Gedanken und Gefühle in anderen Personen und in der eigenen Person vorauszusetzen und zu erkennen, dass eine Verbindung zwischen der Innenwelt und der Außenwelt besteht. Das heißt, sie beginnen erst allmählich zu verstehen, dass sie selbst Gedanken, Gefühle und Wünsche haben, die ihr Handeln beeinflussen und andere Menschen eigene und oft abweichende Gedanken, Gefühle und Wünsche haben, die wiederum ihr Handeln beeinflussen. Bis zum Alter von etwa 3 Jahren sind Kinder dazu nicht in der Lage. Sie halten die Weise, wie die Welt ihnen erscheint, unhinterfragt für wahr und für alle zugänglich (Lenz, 2019).

In dem anschaulichen Experiment „Maxi und die Smarties-Schachtel" konnte die Entwicklung der reflexiven Fähigkeiten im Kindesalter sichtbar gemacht werden:

Der kleine Max bekommt eine bunte Smarties-Schachtel gezeigt. Er wird gefragt: „Was glaubst du, was ist wohl in der Schachtel?" Max antwortet plausibel: „Smarties!" Die Schachtel wird geöffnet, aber es sind Buntstifte darin.

Anschließend wird Max gefragt: „Draußen wartet dein Freund Peter. Wenn wir ihn hereinholen, ihm die geschlossene Smarties-Schachtel zeigen und ihn fragen: ‚Was ist in der Schachtel?' – Was meinst du, was wird Peter antworten?"

- Dreijährige Kinder antworten: „Bleistifte!" Sie können sich nicht vorstellen, dass das andere Kind draußen nicht dasselbe Wissen hat wie sie selbst. Sie können sich nicht vorstellen, dass das andere Kind eine falsche Überzeugung hat.

- Vierjährige antworten: „Smarties!“ Sie sind in der Lage, bei ihren Überlegungen zu bedenken, dass ihre innere Überzeugung nicht mit der Realität übereinstimmen muss. Sie können die Perspektive des anderen übernehmen.

3 Wie kann die Resilienz von Kindern gefördert werden? Was können Sie als Eltern tun?

Die Ergebnisse der Resilienzforschung machen Mut. Sie zeigen auf, dass sich Kinder psychisch erkrankter Eltern trotz belastender Lebensumstände und Probleme zu selbstsicheren, kompetenten und leistungsfähigen Persönlichkeiten entwickeln können, wenn sie schützende Bedingungen in der Familie und in ihrem unmittelbaren sozialen Umfeld erfahren. Resiliente Kinder verfügen über Fähigkeiten, Potenziale und Ressourcen, die es ihnen nicht nur ermöglichen, mit den Belastungen erfolgreich umzugehen und auftauchende Probleme zu lösen, sondern darüber hinaus durch die Bewältigung der Probleme neue Fähigkeiten und Fertigkeiten zu entwickeln bzw. die vorhandenen weiter zu stärken. Durch den Zuwachs an Fähigkeiten und Fertigkeiten eröffnen sich für die Kinder neue Chancen für seelisches Wachstum und für eine eigene altersgemäße Lebensgestaltung.

Kinder verfügen aber nicht automatisch über diese schützenden Qualitäten, auf die in den vorangegangenen Ausführungen bereits eingegangen wurde (vgl. Kapitel 2). Kein Kind ist per Geburt resilient. Alle wissenschaftlichen Studien zeigen eindrucksvoll, dass soziale Beziehungen für die Entwicklung von Resilienz erforderlich sind. Wir wissen heute, dass Resilienz das Ergebnis einer fortwährenden Wechselwirkung zwischen dem Kind und seinem Umfeld ist. Kinder benötigen von Geburt an sichere und verlässliche Beziehungen, um psychische Widerstandskraft entwickeln zu können:

- Dazu gehören die Eltern, die im Säuglings- und Kleinkindalter eine sichere und einfühlsame Bindung vermitteln und den Kindern Aufmerksamkeit, Wärme, Fürsorge und Interesse signalisieren.
- Dazu gehören im weiteren Entwicklungsverlauf auch außerfamiliäre Bezugspersonen, die den Kindern Anregungen und Anreize geben, die Welt zu entdecken und die ihnen Lob und Anerkennung für Aktivitäten und Leistungen vermitteln.
- Dazu gehören Eltern und weitere Bezugspersonen, an denen sich das Kind orientieren kann, die ihnen Werte und Einstellungen vorleben

und die ihnen zeigen, wie man wirkungsvoll mit Problemen umgehen kann.

- Dazu gehören Eltern und weitere Bezugspersonen, die den Kindern die Überzeugung vermitteln, wichtig zu sein und Einfluss auf die Umwelt nehmen zu können, und die ihnen die Erfahrung ermöglichen: „Ich kann etwas bewegen – ich bin wertvoll – ich werde gesehen".
- Dazu gehören aber auch verlässliche Bezugspersonen im Lebensumfeld, wie Erzieher_innen und Lehrkräfte, die den Kindern Rückhalt, Sicherheit und Unterstützung geben, die Handlungsmöglichkeiten aufzeigen und ihre Bedürfnisse wahrnehmen.
- Dazu gehört eine Familie, in der offen über Gefühle und Wünsche, über Probleme und die Erkrankung gesprochen wird, in der die Kinder altersgemäß über die sie betreffenden Angelegenheiten informiert und in Entscheidungen einbezogen werden und Rückmeldung erhalten.

Zunächst sind die Eltern die Bezugspersonen, die die grundlegenden Bedürfnisse der Kinder erfüllen und damit entscheidend zur Entwicklung von Resilienz beitragen. Mit zunehmendem Alter tragen neben den Eltern nahe Familienmitglieder wie Großeltern, Onkel und Tanten oder ältere Geschwister und Gleichaltrige sowie Erzieher_innen und Lehrkräfte zur Stärkung der psychischen Widerstandskraft der Kinder bei. Für Kinder psychisch erkrankter Eltern können unterstützende Beziehungen außerhalb der Familie in bestimmten Situationen, wenn sich zum Beispiel der Krankheitszustand plötzlich verschlechtert und der erkrankte Elternteil eventuell in die Klinik muss, sehr hilfreich und entlastend sein. Resiliente Kinder psychisch erkrankter Eltern verfügen in solchen schwierigen Situationen über Kontakte zu Menschen in ihrem sozialen Umfeld, die ihnen Sicherheit und zugleich Ausgleich und Ablenkung vermitteln: Sie haben nahe Verwandte als vertrauensvolle Bezugspersonen oder verständnisvolle und einfühlsame Erzieher_innen oder Lehrkräfte, die ihnen in dieser Zeit Aufmerksamkeit entgegenbringen und sich für sie einsetzen.

Wie kann Resilienz bei Kindern psychisch erkrankter Eltern konkret gefördert werden? Was können Sie als Eltern tun, um Ihr Kind zu stärken?

3.1 Vermitteln Sie Ihrem Kind Nähe und gefühlsmäßige Sicherheit

Wir Menschen haben das angeborene Bedürfnis, in Situationen, die uns verunsichern oder Angst machen und uns belasten, die Nähe, die Zuwendung und den Rückhalt sowie den Schutz und die Unterstützung einer vertrauten Person zu suchen. Das Bedürfnis nach Nähe zu Bezugspersonen bei Belastung, Trennung oder Gefahr setzt gleich nach der Geburt ein und bleibt während unseres ganzen Lebens bestehen. Der Säugling sichert sich mit seinem angeborenen Verhaltensrepertoire im ersten Lebensjahr die Nähe zu seiner primären Bezugsperson, die durch die vorgeburtlichen und geburtlichen Erfahrungen in der Regel die Mutter ist. Daneben entwickelt das Kind Bindungen zum Vater, zu den Geschwistern und auch zu weiteren Bezugspersonen wie z.B. Großeltern, Onkel und Tanten. Kinder legen im ersten Lebensjahr für sich eine „innere Rangfolge“ der verschiedenen Bezugspersonen an. Ganz oben steht meist die Mutter als Hauptbezugsperson.

Die Bindung zeigt sich insbesondere im Suchen der Bezugsperson, im Weinen, Nachlaufen, Festklammern an die Bezugsperson und durch Protest, Ärger, Verzweiflung und Trauer sowie Enttäuschung und Resignation beim Verlassen werden.

Erst wenn das Bedürfnis nach Nähe und Bindung durch eine sichere gefühlsmäßige Basis befriedigt ist, wird das angeborene Explorationsverhalten möglich. Damit sind der Drang und die Neugierde des Kindes gemeint, die Umwelt zu erkunden, neue Erfahrungen zu machen und Wissen zu erweitern. Das Neugier- bzw. Explorationsverhalten nimmt im Alter von etwa zwei Jahren deutlich zu, wobei sich das Kind wiederholt bei der Mutter oder beim Vater durch Blicke oder auch Körperkontakt rückversichert. Das Explorationsverhalten des Kindes ist in Belastungssituationen gering und in Situationen, in denen sich das Kind sicher und wohlfühlt, ist es hingegen erhöht. Das Kind kann dann die Welt entdecken und ist neugierig, wenn es sich auf seine Bezugspersonen verlassen kann, Sicherheit und Rückhalt spürt.

Die Bindung an Bezugspersonen ist nicht von vornherein gegeben, sondern entwickelt sich über die alltäglichen Interaktionen im Laufe des ersten Lebensjahres eines Kindes Schritt für Schritt. Bis etwa zum dritten

Lebensjahr entsteht eine stabile belastbare Bindung. Wie entsteht eine sichere Bindung?

3.1.1 Sichere Bindung entwickelt sich durch feinfühliges Verhalten der Bezugspersonen

Jedes Kind hat von Anfang an den Impuls, mit seiner Umwelt in Kontakt zu treten, und teilt durch Signale an die Umwelt seine Bedürfnisse mit. Damit es zufrieden gestellt ist und eine sichere Bindung an seine Bezugspersonen entwickeln kann, müssen diese die Signale erkennen und verstehen lernen sowie prompt und angemessen an die Situation und den Zustand des Kindes auf diese Signale reagieren. Dieses Verhalten der Eltern gegenüber dem Kind bestimmt normalerweise von Geburt an die Beziehung zwischen Eltern und Kind. Man spricht von elterlicher Feinfühligkeit oder auch intuitivem Elternverhalten, weil es von den Eltern nicht bewusst gelernt wird, sondern spontan eingesetzt wird. Oftmals merken es die Eltern selbst auch gar nicht, dass sie sich so verhalten.

Merke

Feinfühliges Verhalten umfasst folgende Merkmale:

- Eltern nehmen die Bedürfnisse des Kindes anhand seiner Signale und seines Verhaltens aufmerksam wahr.
- Sie schätzen die Signale des Kindes aus dessen Perspektive richtig ein.
- Sie reagieren angemessen, dem Alter entsprechend auf die Bedürfnisse des Kindes. Angemessenheit meint, dass Überbehütung und Überfürsorge vermieden werden sollen und dem Kind nur die Form von Hilfe und Unterstützung gegeben wird, die altersgemäß notwendig ist oder vom Kind erbeten bzw. gefordert wird *Man hilft den Kindern nicht, wenn man für sie tut, was sie schon selbst können.*
- Sie reagieren prompt auf die Bedürfnisse des Kindes, sodass es einen unmittelbaren Zusammenhang zwischen seinem Verhalten und den Reaktionen der Bezugspersonen herstellen kann.

Belastungen, wie z.B. aufgrund einer psychischen Erkrankung, können die elterliche Feinfühligkeit zumindest zeitweise einschränken. Psychisch erkrankten Eltern fällt es manchmal schwer, die Bedürfnisse ihrer Kinder zu erkennen, richtig zu verstehen und ihnen ein Gefühl von Sicherheit zu vermitteln, insbesondere dann, wenn die Kinder sich sprachlich noch nicht entsprechend äußern können.

Beispiel: Depressive Erkrankung

Eine depressiv erkrankte Mutter erzählt von ihren Schwierigkeiten, sich mit ihrem Kind zu beschäftigen. Wenn es ihr schlecht gehe, falle es ihr häufig schwer, auf das Kind einzugehen und zu verstehen, was es z. B. mit seinem Weinen oder Schreien mitteilen möchte, was es in der Situation braucht. Insbesondere morgens falle ihr das häufig schwer. Sie vermeide es dann, ihr Kind anzusehen und mit ihm zu sprechen. Sie bekomme dann große Schuldgefühle. Sie habe das Gefühl, eine schlechte Mutter zu sein, die sich zu wenig um ihr Kind kümmert.

Übung

Achten Sie auf Signale des Kindes, wie z. B. Weinen, Unruhe, Schreien, Freude, Lachen:

- In welchen Situationen äußert das Kind diese Signale? Notieren Sie sich die Signale und Situationen.
- Was möchte Ihnen das Kind möglicherweise damit sagen?
- Wie haben Sie auf diese Signale des Kindes reagiert?
- Wie könnten Sie noch anders darauf reagieren?

Feinfühligkeit setzt die Fähigkeit der Eltern zur Perspektivenübernahme voraus. Mit Perspektivenübernahme ist die Fähigkeit gemeint, auf das Kind einzugehen und ein Verständnis für seine Gefühle und Bedürfnisse zu entwickeln (vgl. Kapitel 2.4). Ein feinfühliges Eingehen auf die Signale des Kindes gelingt dann am besten, wenn die Eltern in der Situation auch über sich selbst nachdenken, ihre eigenen Gefühle wahrnehmen und ihre eigenen Bedürfnisse herausfinden und ernstnehmen. Eine kleine Übung soll dies veranschaulichen (Lenz, 2019):

Übung

Stellen Sie sich folgende Situation vor: Ein Elternpaar möchte – nachdem es seine beiden Kinder ins Bett gebracht hat – gemeinsam einen Film im Fernsehen anschauen und dabei ein Glas Wein trinken. Nach kurzer Zeit beginnt die kleine Tochter nach der Mama zu rufen; ihr älterer Bruder will auch nicht einschlafen und ärgert seine kleine Schwester. Die beginnt zu weinen ...

- Welche Bedürfnisse bestehen möglicherweise auf Seiten der Kinder?
- Welche Bedürfnisse bestehen möglicherweise auf Seiten der Eltern?
- Wie könnte ein einfühlsames Eingehen auf die Bedürfnisse der Kinder aussehen?
- Wie könnten die Eltern mit ihren Gefühlen und Bedürfnissen umgehen?

3.1.2 Was brauchen Kinder, um eine sichere Bindung an Mutter und Vater aufbauen zu können?

Um prompt und der Situation und dem Zustand des Kindes angemessen auf diese Signale reagieren zu können, kann es hilfreich sein, sich wieder bewusst zu machen, welche Bedürfnisse Kinder in den ersten drei Lebensjahren haben, was sie brauchen, damit sich eine sichere Bindung entwickeln kann. Erfahrene Therapeut_innen und Psycholog_innen haben die kindlichen Bedürfnisse in den ersten Lebensjahren folgendermaßen zusammengefasst (Wortmann-Fleischer et al., 2016):

- *Kinder brauchen Nähe, Zuwendung und Körperkontakt:* Neben der gefühlsmäßigen Zuwendung, das Gefühl, gemocht und geschätzt zu werden, stellt ein weiteres elementares Bedürfnis dar, die Zuwendung auch über die Haut zu erleben: Indem Sie Ihr Kind im Arm halten, streicheln oder umarmen, vermitteln Sie ihm die Gewissheit, dass jemand da ist, auf den es sich verlassen kann, der Halt, Zuneigung und emotionale Wärme vermittelt.
- *Kinder brauchen Blickkontakt:* Es ist wichtig, dass Kinder in den ersten Monaten Mutter und Vater ins Gesicht sehen, um deren Gesichtsaus-

druck und Gesichtsbewegungen beobachten zu können. Schon nach 8 bis 12 Wochen sind Kinder in der Lage, ein Lächeln zu erwidern und soziale Kontakte zu knüpfen, indem sie Blickkontakt zu anderen Menschen aufnehmen und schauen, solange es ihnen behagt. Kinder entwickeln schon früh großen Spaß am Austausch mit ihren Bezugspersonen. Indem Sie Ihrem Kind durch Blickkontakt, verbunden mit einem Lächeln und einem Laut, Antwort auf seine Signale geben, macht es die Erfahrung, dass sich seine Mutter oder sein Vater ihm zuwendet, es also eine Reaktion hervorrufen kann.

- *Kinder brauchen Rückmeldung:* Indem Sie auf die Lautäußerungen Ihres Kindes reagieren, den kindlichen Signalen gewissermaßen ein Echo geben, vermitteln Sie dem Kind die Erfahrung, dass es etwas bewirken und eine aufmerksame Reaktion bei Mutter und Vater hervorrufen kann. Durch das erhaltene Echo entwickelt das Kind Spaß am Austausch mit den Eltern. In der Psychologie bezeichnen wir diese besondere Aufmerksamkeit und Sensibilität der Eltern für die Signale der Kinder mit dem Begriff „Matching“. Durch das Echo erfährt das Kind, dass es im Kontakt mit den Bezugspersonen ist, es macht also erste Kommunikationserfahrungen und lernt damit die Grundlage für den Aufbau von Beziehungen und Kontakten. Die Erfahrung, eine Reaktion bei den Eltern auslösen zu können, fördert das Selbstbewusstsein und die Selbstwirksamkeit des Kindes. Das Echogeben beinhaltet darüber hinaus, den Gefühlszustand des Kindes wiederzugeben. Sie helfen damit Ihrem Kind, mit seinen Gefühlen umzugehen und sie zu regulieren, das heißt zu ordnen und zu steuern. Damit werden die reflexiven Fähigkeiten des Kindes gefördert.

Beachten Sie

Sie müssen nicht auf jedes Signal Ihres Kindes ein Echo geben. Ihr Kind wäre sogar irritiert, wenn Sie jedes Mal auf Signale reagieren würden. Oftmals werden Sie unbemerkt auf Signale reagieren. Es reicht, wenn Sie z.B. in Spielsituationen, beim Baden und Wickeln oder vor dem Einschlafen aufmerksam auf die Lautäußerungen mit einem Echo reagieren.

- *Kinder müssen beruhigt werden:* Das Schreien des Kindes, das sich sprachlich noch nicht mitteilen kann, stellt für alle Eltern eine besondere Belastung dar. Psychische Erkrankungen sind oftmals mit einer höheren Empfindsamkeit und „Dünnhäutigkeit“ verbunden, die die Fähigkeit, schreiende Kinder zu beruhigen, einschränken können. Welche Techniken haben Sie bisher angewendet, um Ihr Kind zu beruhigen? Welche Verhaltensweisen haben sich in welchen Situationen bewährt? Wie hat Ihr Kind auf Ihre Beruhigungsversuche reagiert?

Als besonders wirksam haben sich folgende Beruhigungstechniken erwiesen:
- ablenken und umlenken der Aufmerksamkeit (z.B. durch Fingerspiele, Spielzeug oder Bilderbücher),
- singen oder Veränderung der Stimme,
- Körperkontakt (z.B. Kind hochnehmen, streicheln, an den Körper drücken),
- langsame Körperbewegungen, schaukeln, tragen, wiegen, Schnuller anbieten,
- etwas zu trinken geben,
- baden,
- Raum abdunkeln, Ruhe schaffen.

Der Einsatz der Beruhigungstechnik wird am erfolgreichsten, wenn man den Gründen für das Schreien des Kindes auf die Spur gekommen ist. Mögliche Gründe für das Schreien von Kindern sind: Müdigkeit oder Erschöpfung, Hunger und Durst, körperliches Unwohlsein (volle Windel, Schmerzen, Kälte oder zu große Wärme), Angst, Bedürfnis nach Nähe, Bedürfnis nach Unterhaltung, Trotz und Grenzen nicht akzeptieren zu wollen.

Beachten Sie

Wenn es Ihnen gelingt, das Kind zu beruhigen, wird es Sie entlasten und dies wird sich zugleich positiv auf die Beziehung zum Kind auswirken. Sie werden entspannter und gelassener mit Ihrem Kind umgehen. Das Kind fühlt sich dadurch sicher und verstanden.

- *Kinder brauchen Impulse zur Eigenaktivität:* Kinder besitzen von Geburt an den Impuls zur Eigenaktivität, wodurch sie nach und nach neue Fähigkeiten erwerben und erproben. Es ist wichtig, diesen Impuls zur Eigenaktivität nicht nur zuzulassen, sondern ihn aktiv zu fördern. Kinder benötigen Gelegenheiten, eigene Fähigkeiten auszuprobieren.

Wichtige Mittel hierfür sind Spielsachen, also z. B. Kuscheltiere, Rasseln und andere klangerzeugende Spielsachen, Bauklötze, Würfel, Puppen, Spielfahrzeuge. Durch altersangemessene und farbig ansprechende Spielmaterialien regen Sie Ihr Kind an, sich mit Gegenständen zu beschäftigen, verschiedene Dinge zu erproben und damit immer wieder neue Erfahrungen zu machen oder auch Erfahrungen lustvoll zu wiederholen.

- *Kinder brauchen die sprachliche Begegnung:* Wichtig ist es darüber hinaus, mit dem Kind von Geburt an zu sprechen, obwohl ein Säugling natürlich die Bedeutung der Worte noch nicht versteht. Durch die Worte der Mutter und des Vaters lernt das Kind die Welt – Personen, Gegenstände, Handlungen und Situationen – kennen. Es lernt dadurch, zwischen sich und der es umgebenden Welt zu unterscheiden und Handlungsabläufe besser zu verstehen. Es kann dadurch die Regelmäßigkeiten von Handlungsabläufen, wie z. B. Anziehen und Ausziehen, Baden, ins Bett gebracht zu werden, besser erkennen und einschätzen. Durch die Kommunikation entwickelt sich außerdem der Sprachsinn des Kindes. Die Sprachentwicklung setzt bereits lange bevor das Kind selbst sprechen kann ein. Das Sprechen unterstützt auch die Impulse und Aktivitäten des Kindes und fördert auf diese Weise seine Autonomie. Beschreibungen der Eltern helfen dem Kind zu lernen, mit sich selbst zu sprechen. Selbstgespräche stellen eine Voraussetzung dafür dar, dass das Kind später Problemlösestrategien finden kann. Zu den Formen beschreibender Sprache zählen:
  - Beschreibungen der Handlungen des Kindes (z. B. „Du baust einen hohen Turm"),
  - Beschreibungen für Wahrnehmungen des Kindes (z. B. „Du hörst ein Vögelchen"),
  - Beschreibungen des emotionalen Zustandes des Kindes (z. B. „Du bist traurig"),
  - Beschreibungen von Handlungen des Elternteils (z. B. „Ich hole dich jetzt aus dem Bettchen"),
  - Beschreibungen des emotionalen Zustands des Elternteils (z. B. „Ich bin glücklich, dass es dich gibt").

Beachten Sie

Beschreiben Sie Ihrem Kind, was Sie gerade tun und welche Gefühle Sie Ihrem Kind gegenüber empfinden. Beschreiben Sie, was das Kind gerade tut, was es fühlt und was es wahrnimmt. Achten Sie dabei darauf, mit dem Kind in einer Sprache zu sprechen, die dem Alter und seinem Entwicklungsstand angemessen ist.

- *Kinder brauchen sowohl die Erfahrung, dass Mutter und Vater das Ziel vorgeben – also Führen –, als auch die Erfahrung, dass sie selbst das Ziel vorgeben und die Eltern ihnen folgen:* Führen und Folgen sind wichtige Prinzipien in der Beziehung zwischen Eltern und Kind, die das Kind mit ersten Regeln und Grenzen vertraut machen und die Autonomie- oder Selbstständigkeitsentwicklung des Kindes fördern. Das Führen, also die Zielvorgabe durch die Eltern, erfolgt bereits im Säuglingsalter im Rahmen der Versorgung des Kindes, wie z.B. beim Füttern, Wickeln und Baden. Dies wird möglich, indem Sie dem Kind die einzelnen Handlungsschritte in klaren, leicht verständlichen Worten beschreiben. Entwicklungspsycholog_innen und Therapeut_innen weisen darauf hin, dass das Thema „Führen“ mit zunehmendem Alter immer wichtiger wird, weil das Kind mobiler wird, seine Umwelt entdecken möchte und seinen eigenen Willen zeigt, es also zu ersten Machtkämpfen, z.B. beim Füttern, mit den Eltern kommt. Aus der Entwicklungspsychologie wissen wir, dass diese ersten Machtkämpfe ihren Höhepunkt im Alter von etwa 18 Monaten erreichen. Das Kind hat nun das Laufen gelernt, versteht die Sprache und spricht schon selber. Es entdeckt seine Selbstständigkeit und testet Grenzen aus. Dies stellt ein natürliches Bedürfnis der Kinder und einen wichtigen Entwicklungsschritt dar.

Beachten Sie

Für die Entwicklung Ihres Kindes ist es wichtig, dass Sie ihm Grenzen setzen und ihm diese Grenzen erklären. Erst dadurch wird Ihr Kind diese Grenzen und Regeln allmählich akzeptieren lernen. Auf diese Weise wird Ihr Kind lernen, sich anzupassen und in Gruppen zu integrieren.

Im Spiel folgen dagegen die Eltern den Zielvorgaben des Kindes. Eltern gehen auf die Aktivitäten und Impulse der Kinder ein (rollen z.B. den Ball zum Kind zurück, legen ebenso wie das Kind einen Bauklotz in einen Eimer) oder unterstützen das Kind, Neues zu entdecken, indem sie beispielsweise beim Bau eines Turmes mithelfen. Dieses Eingehen auf das natürliche Lern- und Entdeckungsbedürfnis des Kindes wird sich mit zunehmendem Alter des Kindes verändern.

Beachten Sie

Es gibt keine Eltern, die immer ein perfektes feinfühliges Verhalten gegenüber ihren Kindern zeigen. Auch psychisch gesunde Eltern schaffen es nicht immer, die kindlichen Verhaltensweisen wahrzunehmen, richtig zu verstehen und prompt, entsprechend dem Alter auf die Bedürfnisse des Kindes zu reagieren. Setzen Sie sich nicht unter Druck!

Wenn Sie bemerken, dass Sie nicht so auf Ihr Kind eingegangen sind, wie Sie es sich als Mutter oder Vater vorstellen und wünschen, versuchen Sie Ihren Irrtum rasch zu korrigieren. Störungen in der Eltern-Kind-Beziehung sind zu reparieren und wiedergutzumachen, wenn sie rechtzeitig erkannt werden. Bemühen Sie sich anschließend wieder, aufmerksam auf die Signale des Kindes zu achten, und vertrauen Sie auf Ihre Fähigkeiten als Mutter und Vater, altersgemäß und situationsangemessen zu reagieren. Sie schaffen dadurch wichtige Voraussetzungen dafür, dass sich Ihr Kind gut entwickeln kann.

3.2 Vermitteln Sie Ihrem Kind gefühlsmäßige Sicherheit und Verbundenheit durch Lob und Anerkennung

Mit zunehmendem Alter entwickelt sich das Sprachvermögen der Kinder weiter: Sie verstehen die Worte der Erwachsenen immer besser und können sich auch immer besser mit Worten ausdrücken. Lob und Anerkennung – verbal ausgedrückt und nonverbal, d.h. die Worte werden durch Mimik und Gestik bekräftigt – gewinnen daher einen immer höheren Stellenwert in der Beziehung zwischen Eltern und Kindern. Lob und Anerkennung von den Eltern fördert ein positives Beziehungsklima und emotionale Verbundenheit in der Familie. Ein positives Familienklima und emotionale Verbundenheit stellen wichtige familiäre Schutzfaktoren dar, die auch das allgemeine Wohlbefinden und die Lebensqualität der Kinder im Kindergarten und in der Schule positiv beeinflussen (vgl. Kapitel 2.2.2). Es gibt einige „Regeln", worauf Eltern bei der Vermittlung von Lob und Anerkennung im familiären Alltag besonders achten sollten (Lenz, 2021).

Positives, uneingeschränktes Lob. Vermitteln Sie Lob und Anerkennung gegenüber Ihrem Kind möglichst konkret, uneingeschränkt, positiv und eindeutig.

- *Konkret:* Beschreiben Sie genau, wofür Sie das Kind loben (z. B. für die gute Note, für die sportliche Auszeichnung, für den Mut, das T-Shirt selbst umzutauschen).
- *Keine Einschränkungen:* Nehmen Sie keine Einschränkungen in Ihrem Lob vor (z. B. „ziemlich", „fast", „ganz gut").
- *Keine negativen Nachsätze:* Lassen Sie Ihrem Lob keine negativen Nachsätze folgen (z. B. „... ist ja ganz schön, aber ...").
- *Eindeutiges Lob:* Sprechen Sie ein eindeutiges Lob aus (vermeiden Sie einen einschränkenden Unterton).

Beispiele: Lobende und anerkennende Sätze der Eltern

- „Toll, was du Schönes gebastelt hast. Das gefällt mir."
- „Du hast die Hausaufgaben heute sehr schnell erledigt. Das freut mich."
- „Ich bin stolz auf dich, wie gut du Fußball spielst."
- „Ich höre dir gern beim Flötespielen zu."
- „Du spielst so schön mit deiner kleinen Schwester."

Richtiges Zuhören. Hinter den Worten der Kinder verbergen sich oft Gefühle, Empfindungen und Wünsche, die unausgesprochen bleiben. Insbesondere bei Belastungen fällt es ihnen oftmals besonders schwer, ihre Gefühle und Wünsche auszudrücken.

Beispiele: Äußerungen des Kindes

- „Lass mich in Ruhe. Es ist euch sowie gleichgültig, wie es mir geht."
- „Misch dich nicht immer ein. Das kann ich auch alleine. Ich bin alt genug."
- „Majas Eltern erlauben ihr, alleine mit dem Fahrrad zur Schule zu fahren. Ich bin fast ein Jahr älter als sie."

Die Regel des richtigen Zuhörens besagt, dass die unausgesprochenen Gefühle und Wünsche des Kindes von den Eltern in Worte gefasst und dem Kind mitgeteilt werden. Dies setzt voraus, dass die Eltern versuchen, die Perspektive des Kindes einzunehmen, die Welt gewissermaßen durch die Augen des Kindes zu sehen. Sie sollten deutlich machen, dass Sie versuchen, Ihr Kind zu verstehen und mit ihm ins Gespräch über die Gefühle und Wünsche zu kommen.

Beispiele: Reaktionen der Eltern

- „Du bist enttäuscht, weil du den Eindruck hast, dass es uns nicht interessiert, was dich gerade beschäftigt."
- „Du möchtest mir sagen, dass ich dir das ruhig zutrauen kann. Ich habe es verstanden."

Wichtig ist dabei, dass Sie als Eltern dem Kind auch Ihr Erleben, d.h. Ihre Gedanken und Gefühle mitteilen: dass Sie z.B. gerade nicht so aufmerksam waren, weil sie gerade mit eigenen Gedanken beschäftigt waren, oder Sorge gehabt haben, dass etwas passieren könnte. Das Kind lernt auf diese Weise, dass es verschiedene Arten gibt, bestimmte Situationen oder Probleme zu sehen und zu erleben. Durch ihre Perspektivenübernahme und Selbstreflexion fördern die Eltern die Entwicklung reflexiver Fähigkeiten auf Seiten ihrer Kinder.

Einfühlsame Elternsätze. Zauberformeln, die richtiggehende „Wunder" bei Ihrem Kind bewirken können, stellen einfühlsame und unterstützende Aussagen dar, in denen Sie offen zum Ausdruck bringen, was in Ihnen vorgeht.

Beispiele: Einfühlsame Elternsätze

- „Ich habe dich lieb."
- „Ich kann dich gut verstehen."
- „Mit dir haben wir ganz großes Glück."
- „Es ist ganz normal."
- „Heute hast du es verdient, dich auszuruhen."
- „Lass es uns gemütlich machen."
- „Wenn du magst, dann sprich mit mir über das Problem."
- „Lass dir Zeit."
- „Jeder Mensch hat Schwächen und Fehler, genauso wie du und ich."

- „Ich vertraue dir und deinen Fähigkeiten."
- „Ich bin stolz auf dich."
- „Du bist nicht allein, du hast doch mich (uns)."
- „Du bist fleißig, hübsch, lieb, etc."
- „Komm her und lass dich trösten."
- „Wenn wir alle zusammen helfen, dann geht es schneller."
- „Was ist denn deine Meinung zu diesem Thema?"
- „Komm zu mir, wenn du mich brauchst, ich helfe dir."
- „Es ist alles halb so schlimm."
- „Das macht nichts."
- „Das schaffst du schon."

Es sind häufig nicht die großen Dinge, sondern die kleinen Ereignisse und scheinbar nebensächlichen Gesten, die Kinder als wertschätzend erleben. Eigentlich ist es gar nicht notwendig, sie alle aufzuzählen, denn die meisten Eltern kennen die für ihre Kinder so wichtigen Mitteilungen. Durch die Sorgen und Nöte in Verbindung mit der Erkrankung geht aber der Blick dafür manchmal verloren. Einige Beispiele sollen daher genannt werden:

- Heben Sie auch kleine Erfolge hervor und stellen Sie Missgeschicke als Gelegenheit dar, aus denen Ihr Kind etwas lernen kann.
- Nehmen Sie die Meinung Ihres Kindes ernst, auch wenn Sie selbst anderer Auffassung sind.
- Lassen Sie Ihr Kind an Entscheidungen in der Familie teilhaben, z.B. bei der Gestaltung des Gartens oder bei der Auswahl des Ausflugsorts am Wochenende.

Merke

Durch Lob, Anerkennung und Wertschätzung wird das seelische Wachstum und Selbstbewusstsein Ihres Kindes gefördert. Selbstbewusste Kinder besitzen eine Reihe von Fähigkeiten, die Vertrauen, Selbstvertrauen, innere Sicherheit und Stärke geben, aber auch Mut und Zuversicht vermitteln, Probleme lösen zu können und mit Selbstwirksamkeit verbunden sind. Kinder mit hoher Selbstwirksamkeitserwartung sind überzeugt, Ziele durch eigene Fähigkeiten und Anstrengungen erreichen und Einfluss auf ihre Umwelt nehmen zu können.

Die Vermittlung von Lob und Anerkennung gelingt umso besser, je leichter es Ihnen fällt, Gefühle anzusprechen, d.h. sich selbst zu öffnen:

- Welche Erfahrungen haben Sie damit, Gefühle offen anzusprechen?
- Bestehen Ängste und Hemmungen, Gefühle offen zu ansprechen?
- Wie kommen „offene Worte" bei Ihren Kindern möglicherweise an?
- Welche Auswirkungen haben möglicherweise das Ansprechen von Gefühlen auf das familiäre Zusammenleben und die familiäre Atmosphäre?

3.3 Unterstützen Sie Ihr Kind bei der Bewältigung seiner Probleme

Wie alle Kinder haben auch Kinder psychisch erkrankter Eltern immer wieder einmal Probleme in ihrem Alltag, also in der Familie, in der Schule und in der Freizeit. In der Familie kommt es zu Spannungen und Konflikten, weil z.B. das Zimmer nicht aufgeräumt ist oder weil die Hausaufgaben noch nicht gemacht sind, es kommt zu Streit mit einem Geschwisterkind, weil es ohne zu fragen Spielzeug oder eine Musik-CD aus dem Zimmer genommen hat. In der Schule kommt es zu Spannungen und Konflikten, weil man z.B. von Mitschüler_innen als Lügnerin bzw. Lügner verdächtigt wird, sich bei der Rektorin bzw. beim Rektor wegen einer Rangelei auf dem Pausenhof melden muss oder wegen einer schlechten Note vor der Klasse gehänselt wird. In der Freizeit kommt es zu Spannungen und Konflikten, weil man z.B. beim Fußball auf dem Bolzplatz nicht mitspielen darf, nicht zur Geburtsparty eingeladen wird oder sich plötzlich eine Freundin oder ein Freund zurückzieht und Verabredungen absagt.

Kinder erleben alltägliche Spannungen und Probleme häufig als belastend, die aus der Sicht der Erwachsene als irrelevant eingeschätzt werden. So wird beispielsweise ein Streit mit einer Freundin oder einem Freund vom Kind als ganz schlimm und enttäuschend erlebt, während Eltern solche Auseinandersetzungen als vorübergehend betrachten, die sich nach einigen Tagen wieder auflösen werden. Eltern messen daher solchen Problemen keine so große Bedeutung bei.

Merke

Kinder erleben häufig Spannungen und Probleme in der Familie, in der Schule und in der Freizeit anders – meist belastender – als Eltern oder andere Bezugspersonen vermuten. Es ist daher wichtig, mit den Kindern achtsam über die Situation und die damit verbundenen Gefühle und Ängste zu sprechen, und ihre Bewertungen, ihre Sorgen und Nöte gilt es ernst zu nehmen.

Wie eine Situation zu beurteilen ist, lässt sich nur aus der Perspektive der betroffenen Person beantworten.

Für Kinder wirken Probleme und Spannungen häufig auch deshalb so belastend, weil sie in dem Moment keine Auswege und Lösungsmöglichkeiten sehen. Sie verfügen noch nicht über ausreichende Strategien, um z.B. mit Konflikten umgehen zu können. Bestimmte Strategien, die Erwachsene in solchen Situationen einsetzen würden, werden bei Kindern oftmals weniger bzw. gar nicht geduldet oder sind auch nicht für Kinder so einfach umzusetzen, wie z.B. sich zurückzuziehen, also die Situation zu verlassen. Hinzu kommt, dass viele Probleme eng mit den Eltern und anderen wichtigen Bezugspersonen, wie z.B. Lehrkräften oder Erzieher_innen, verbunden sind und Kinder relativ wenig Einflussmöglichkeit haben. Häufig können sogar nur die Eltern oder andere Erwachsene Kinder vor den belastenden Problemen schützen bzw. diese zumindest abmildern.

Bei Kindern psychisch erkrankter Eltern kommen zu den alltäglichen Problemen und Spannungen Belastungen hinzu, die mit der Erkrankung der Eltern verbunden sind. Die Kinder machen sich Sorgen um die Eltern, sie übernehmen Verantwortung in der Familie und bemühen sich um Entlastung für die Eltern, indem sie Aufgaben übernehmen, sie entwickeln Ängste, selbst zu erkranken oder leiden unter dem familiären Schweigegebot. Hinzu kommen nicht selten Schuldgefühle gegenüber den Eltern und bittere Diskriminierungs- und Stigmatisierungserfahrungen. Diese Belastungen überlagern gewissermaßen die alltäglichen Probleme und Spannungen, wie sie alle Kinder immer wieder einmal erleben.

Die zusätzlichen Belastungserfahrungen stören das üblicherweise eintretende Wechselspiel von Belastung und Entspannung. So werden bei

Kindern mit psychisch gesunden Eltern die zunächst große Enttäuschung über eine schlechte Note oder der heftige Ärger nach dem Streit mit der Freundin oder dem Freund durch Erfolgserlebnisse beim Sport, einen schönen Familienausflug oder eine gemeinsame Unternehmung mit der Mutter oder dem Vater ausgeglichen. Der Ärger und die Enttäuschungen verlieren dadurch allmählich ihre Intensität und das Belastungsempfinden verschwindet.

Kindern psychisch erkrankter Eltern gelingt diese Entspannung oft nicht. Sie können nicht „abschalten". Selbst schöne Erfahrungen und gemeinsame Familienaktivitäten bringen die Belastungen nicht zum Verschwinden. Die Sorgen, Ängste und Schuldgefühle oder die Last durch die Verantwortungsübernahme führen zu einer ständigen Anspannung und fortwährenden seelischen Beanspruchung des Kindes. Eine plötzlich auftretende zusätzliche Belastung, ausgelöst z.B. durch eine akute Verschlechterung des Gesundheitszustandes der erkrankten Mutter, durch einen heftigen Streit mit Mitschüler_innen oder eine andere kränkende Erfahrung, kann so zu einer emotionalen Destabilisierung und völligen Überforderung des Kindes führen.

Beispiel: Thomas

Thomas ist 12 Jahre alt und besucht die 6. Klasse der Hauptschule. Er lebt bei seiner Mutter, die an einer Depression leidet und seit einigen Jahren zudem an einer Magersucht erkrankt ist. Seinen Vater hat Thomas nicht kennengelernt. Er hat sich bereits während der Schwangerschaft von seiner damaligen Partnerin getrennt und zeigte auch in den ganzen Jahren kein Bemühen, mit seinem Sohn in Kontakt zu treten.

Thomas ist ein stark übergewichtiger, sehr zurückhaltender, schüchterner und gehemmt wirkender Junge. Thomas hilft seiner Mutter viel im Haushalt, räumt die Wohnung auf, „wenn sie sich schlecht fühlt", geht einkaufen und versucht, sie abzulenken und aufzuheitern. Kontakt hat Thomas nur zu seiner Großmutter und zu einer im Haus wohnenden Nachbarin, die häufiger zu Besuch kommt. Thomas hat kaum Freund_innen und wenig Kontakt zu Gleichaltrigen außerhalb der Schule. Zu Geburtstagsfeiern von Mitschüler_innen wird er selten eingeladen, auch er lädt kaum jemanden nach Hause ein. In der Schule wird er wegen seines Übergewichts und seiner „komischen" Mutter oftmals gehänselt, was ihn sehr traurig und manchmal auch sehr wütend macht. Über seine Gefühle spricht er mit niemanden. An und für sich geht er gern in die Schule. Er ist ein guter Schüler und bei den Lehrkräften beliebt, die auch eine Empfehlung zum Übertritt auf die Realschule gegeben haben.

Seit einigen Wochen macht sich Thomas große Sorgen um die Gesundheit seiner Mutter. Er hat Angst, sie könnte sterben, weil sie kaum etwas isst und er sie auch nicht mehr dazu überreden kann. Die Mutter steht morgens nicht mehr auf, weint viel und äußert häufiger, dass alles keinen Sinn mehr hat. Am liebsten würde Thomas nicht mehr in die Schule gehen, damit er besser auf seine Mutter aufpassen kann. In einer Klassenarbeit in seinem Lieblingsfach Mathematik hat er eine schlechte Note erhalten. Da er in letzter Zeit häufiger ohne Hausaufgaben in die Schule kommt, wird er vom Klassenlehrer dafür getadelt.

Als er eines Tages von den Mitschüler_innen wegen seiner Ungeschicklichkeit im Sportunterricht wieder einmal ausgelacht und gehänselt wird, rastet er aus und die Gefühle platzen aus ihm heraus. Er beginnt, heftig zu weinen und wild um sich zu schlagen. Dabei trifft er einen Mitschüler so, dass dieser mit dem Kopf an die Kante eines Turngeräts stürzt und blutet.

Erschrocken rennt Thomas in das Klassenzimmer, holt seine Schultasche und läuft einfach nach Hause. Am nächsten Tag weigert er sich in die Schule zu gehen. Auch an den folgenden Tagen überzeugt er seine Mutter, ihn wegen Bauchschmerzen in der Schule zu entschuldigen. Mittlerweile geht Thomas bereits seit sechs Wochen nicht mehr in die Schule.

Wie können Sie Ihrem Kind bei der Problembewältigung helfen? Was ist zu tun?

Wenn es Kindern gelingt, mit ihren Schwierigkeiten und Problemen besser umzugehen, verschaffen sie sich Entlastung und stärken zugleich ihr Selbstwertgefühl. Sie erleben dadurch, dass sie den Problemen nicht hilflos ausgeliefert sind, sondern dass es wert ist, Energie und Kraft in die Lösung von Problemen zu investieren. Sie gewinnen wieder Zuversicht, etwas bewirken und verändern zu können.

Was zeichnet „gute Problemlöser“ aus? „Gute Problemlöser“ unterscheiden sich von „schlechten Problemlösern“ dadurch, dass sie sich bei Problemen mehrere Lösungen vorstellen können, sich für eine Lösung entscheiden und diese in die Tat umsetzen. „Gute Problemlöser“ können sich auch besser vorstellen, warum sich andere Menschen so verhalten, wie sie sich verhalten, und welche Auswirkungen das eigene Verhalten möglicherweise auf andere Menschen haben kann.

Merke

„Guten Problemlösern“ gelingt es, über sich selbst nachzudenken, Gefühle und Handlungen zu steuern und sich in die Gefühle und Gedanken anderer Menschen hineinzuversetzen. Sie verfügen also über die Fähigkeiten zur Selbstreflexion, zur Selbstregulation und zur Perspektivenübernahme.

Was können Sie tun, damit sich Ihr Kind zu einem „guten Problemlöser“ entwickelt? Wie können Sie Ihr Kind dabei konkret unterstützen? In der psychologischen Forschung konnte herausgefunden werden, dass bei einer Problembewältigung ein schrittweises Vorgehen hilfreich ist, das im Folgenden erläutert wird (Lenz, 2021).

Schritt 1: Wahrnehmung und Beschreibung der Probleme: Was sind deine Probleme und Sorgen?

Um eine Lösung für ein Problem finden zu können, muss zunächst herausgefunden werden, was die Probleme genau sind. Dazu ist es notwendig, sich über die Situationen, Gefühle und Sorgen klar zu werden und sich zu fragen, welche Probleme wann und wo auftreten.

Versuchen Sie mit Ihrem Kind ins Gespräch zu kommen, wenn Sie merken, dass es bedrückt ist und Sie Probleme wahrnehmen oder vermuten. Ermutigen Sie Ihr Kind, über seine Sorgen und Schwierigkeiten zu sprechen, und nehmen Sie sich Zeit für dieses Gespräch (z. B. „Ich merke, dass dich etwas bedrückt. Erzähle mir, was dich beschäftigt. Was bereitet dir Sorgen? Erzähle mir von den Problemen, die dich beschäftigen, wenn du magst.“). Das Bild eines „Problemtopfes“ kann den Einstieg in ein Gespräch mit dem Kind über Sorgen und Probleme erleichtern (vgl. Kasten).

Metapher: „Problemtopf"

„Wie in einem Suppentopf sammeln sich manchmal über Tage, Wochen und Monate Probleme und Sorgen an. Am Ende weiß man gar nicht mehr, was alles in diesem Topf drin ist und welche kleineren und größeren Ereignisse dazu geführt haben, dass du so schlecht gelaunt oder traurig bist. Wenn der Topf nicht geöffnet wird, kochen die Probleme irgendwann über und alles strömt heraus. Man weiß dann meist nicht mehr weiter. Wenn man dagegen den Deckel abnimmt und in den Topf schaut und gemeinsam mit jemanden darüber spricht, was sich da so alles angesammelt hat, dann fühlt man sich besser. Vieles sieht nicht mehr ganz so schlimm aus und man findet eine Lösung für die Probleme, wie es weitergehen könnte und was man tun könnte, damit die Sorgen weniger werden."

Wählen Sie den Zeitpunkt für ein solches Gespräch sorgfältig aus. Versuchen Sie, das Gespräch nicht zu beginnen, wenn Sie selbst schlecht gelaunt, gestresst oder mit anderen Dingen beschäftigt sind. Oftmals vermittelt das Kind auf den ersten Blick den Eindruck, nicht über seine Probleme sprechen zu wollen. Das kann viele Gründe haben. Das Kind hat sich vielleicht selbst noch nicht mit den Gefühlen und Sorgen genauer beschäftigt und findet noch keine Worte dafür oder schweigt aus Rücksichtnahme auf seine Eltern. Es befürchtet z. B., dass sich die Eltern große Sorgen machen und sich sehr aufregen würden oder es Ihnen unangenehm sein könnte, über bestimmte Themen zu sprechen. Durch Ihr Gesprächsangebot signalisieren Sie dem Kind Ihre Gesprächsbereitschaft. Sie sollten Ihr Kind nie drängen, über seine Probleme zu sprechen.

Beachten Sie

- Drängen Sie Ihr Kind nicht, über seine Probleme und Sorgen zu sprechen!
- Signalisieren Sie dem Kind Ihre Gesprächsbereitschaft!
- Akzeptieren Sie, wenn das Kind (noch) nicht über Sorgen und Probleme sprechen möchte!

Um dem Problem auf die Spur kommen zu können, ist es notwendig, dem Kind Raum und Zeit zu geben, die Gedanken und Gefühle zu beschreiben sowie Geschehnisse zu erzählen. Sie sollten zuhören und Ihr Kind nicht unterbrechen.

Folgende Fragen erleichtern es dem Kind, den eigenen Problemen auf die Spur zu kommen:
- „Über was machst du dir Sorgen?"
- „Was genau ist dein Problem? Wann tritt das Problem auf? Wo tritt es auf?"
- „Was geht dabei in dir vor? Welche Gedanken machst du dir darüber?"
- „Welche Gefühle hast du dabei?"

Beispiel: Thomas

Thomas bedrückt der schlechte Gesundheitszustand seiner Mutter. Er muss immer daran denken, was alles passieren könnte. Schlimm ist für den Jungen auch das Problem mit der Schule. Er ist hin- und hergerissen, weil er einerseits gerne in die Schule möchte, sich andererseits aber schämt und große Angst vor den Reaktionen der Lehrkräfte und der Mitschüler_innen hat. In seinem „Problemtopf" steckt aber auch eine große Traurigkeit, weil er keine Freunde hat. Tief verborgen in ihm ist der große Wunsch, etwas über seinen Vater zu erfahren und ihn endlich kennenlernen zu dürfen.

Bei Thomas haben sich mehrere Probleme im „Problemtopf" angesammelt. Es ist nicht möglich, für alle Probleme gleichzeitig Lösungen zu suchen. Überlegen Sie daher gemeinsam mit Ihrem Kind, für welches Problem zunächst eine Lösung gefunden werden sollte (z. B. „Was beschäftigt dich am meisten? Worüber machst du dir gerade Sorgen? Ich helfe dir dabei").

Wenn sich mehrere Probleme herausgestellt haben, sollte möglichst nicht beim „schwierigsten Problem" mit der Suche nach Lösungen begonnen werden. Drängende Probleme rücken meist automatisch an den Anfang der Bemühungen. Für Thomas stellt sich das „Schulproblem" als das besonders drängende Problem dar.

Schritt 2: Suche nach Lösungsmöglichkeiten: Welche Lösungen gibt es für deine Probleme?

Ermutigen Sie Ihr Kind, sich für die einzelnen Probleme so viele Lösungen wie möglich „laut" auszudenken. Das Kind soll alle Ideen und Vorschläge nennen, die ihm in den Kopf kommen, ohne Bewertungen vorzunehmen oder zu überlegen, wie sie umsetzbar sind. Die Abwägung der einzelnen Lösungsideen und das Durchdenken der jeweiligen Konsequenzen bei einer möglichen Umsetzung dieser Lösungsideen erfolgen erst anschließend.

Die Betonung liegt darauf: „Was kannst du tun und was kannst du sonst noch tun? Es geht hier darum, dass du dir verschiedene Lösungen ausdenkst. Ich schreibe alle Möglichkeiten auf, die dir einfallen." Ältere Kinder schreiben die Lösungsmöglichkeiten meist lieber selbst auf.

Wenn das Kind zunächst nur einen Lösungsvorschlag findet, loben Sie es dafür ausdrücklich, erinnern Sie es aber zugleich, dass es darauf ankommt, möglichst viele Möglichkeiten zu finden, um anschließend die bestmögliche entdecken zu können (z.B. „Ja, das ist eine Möglichkeit. Überleg mal weiter. Vielleicht fallen dir auch noch andere Möglichkeiten ein, was du noch tun könntest.").

Sie können Ihr Kind natürlich beim Finden von Lösungsmöglichkeiten unterstützen, indem Sie Ideen beisteuern (z.B. „Mir fällt auch noch eine Möglichkeit ein ..."). Vermeiden Sie aber, Ihr Kind dazu zu drängen, Ihre Lösungen und Sichtweisen zu übernehmen. Ihnen kommt in erster Linie die Aufgabe zu, Ihr Kind zu ermutigen und zu motivieren, eigene Lösungsmöglichkeiten zu finden. Dazu braucht Ihr Kind Zeit. Werden Sie nicht ungeduldig.

Es kommt vor, dass ein Kind Lösungen nennt, mit denen das vorgegebene Problem nicht gelöst werden kann, eventuell sogar noch größer werden könnte, z.B.:

- den Ärger an anderen auslassen, total ausrasten, jemanden schlagen oder weinen,
- den Schwierigkeiten ausweichen, dem Problem aus dem Weg gehen oder versuchen, eine unangenehme Situation zu vermeiden.

Sie sollten solche Lösungsmöglichkeiten weder verurteilen noch Ihr Kind deshalb kritisieren, sondern vielmehr mit Ihrem Kind darüber sprechen und es zum Nachdenken anregen (z. B. „Was meinst du, sind die Vorteile, wenn du so reagieren würdest? Wenn du überlegst, gibt es vielleicht auch Nachteile bei einer solchen Reaktion?“).

Gemeinsam sollten die Vorteile und Nachteile identifiziert werden. Es geht also darum, mit dem Kind über die gefundenen Lösungsmöglichkeiten und deren Bewertungen zu sprechen. Wenn es dem Kind nicht gut gelingt, über Vorteile und Nachteile nachzudenken (das Kind kann sich z. B. nur Vorteile seines aggressiven Verhaltens vorstellen: „Ich werde meine Wut los“, „Dann lassen sie mich in Ruhe“, „Dann trauen sie sich nicht mehr, mich blöd anzumachen“), dann sollten Sie dem Kind Ihre Bewertung des Lösungsvorschlags aus dem Blickwinkel des Kindes offenbaren. Sie geben Ihre Bewertung ab, indem Sie sich in Ihr Kind hineinversetzen:

„Wenn ich an deiner Stelle wäre, würde ich vermutlich auch daran denken,
- dass ich dann weniger Freunde habe.“
- dass alle sagen, ich bin ein Schläger.“
- dass keiner mit mir spielen will.“
- dass ich dann Ärger mit meinem Lehrer bekomme.“

Beachten Sie

Im Mittelpunkt steht das Nachdenken über verschiedene Lösungsmöglichkeiten:
- Dem Kind soll deutlich werden, dass es für ein Problem nicht nur eine Lösung, sondern durchaus mehrere Lösungsmöglichkeiten geben kann.
- Das Kind soll Vor- und Nachteile von Lösungen wahrnehmen und abwägen lernen.

Schritt 3: Nachdenken über mögliche Konsequenzen: Was wird passieren?

Nachdem Ihr Kind „laut“ über möglichst viele Lösungen für das Problem nachgedacht hat und gegebenenfalls zur Abwägung der Vor- und Nachteile angeregt wurde, sollten Sie Ihr Kind ermuntern, sich Gedanken über mögliche Konsequenzen aller Lösungsideen zu machen, die es gefunden hat. Folgende Fragen an das Kind erweisen sich hierbei als hilfreich:

- „Was denkst du, passiert, wenn du so reagieren würdest?"
- „Was denkst du, wie würden die anderen darauf reagieren, wenn du dich so verhalten würdest?"
- „Was denkst du, wie würden sich die anderen wohl dabei fühlen?"
- „Was denkst du, wie würdest du dich dabei fühlen?"

Ihr Kind wird durch solche Fragen motiviert, sich mögliche Konsequenzen der verschiedenen Lösungsmöglichkeiten zu überlegen und sich die damit verbundenen Gefühle und Gedanken vorzustellen. Es lernt auf diese Weise, zu eigenen Bewertungen zu kommen, einen eigenen Weg zu finden.

Am Ende dieses Arbeitsschrittes entsteht die Entscheidung, welche Idee und welche Lösung hilfreich und möglich ist. Das Kind braucht hier Ihre Unterstützung und Ihr Einverständnis. Es muss sicher sein können, dass Sie die gefundene Lösung mittragen und die Umsetzung – falls erforderlich – aktiv begleiten und unterstützen.

Beispiel: Thomas

Thomas ist auf einen Mitschüler ganz besonders wütend, weil dieser ihn ständig ärgert und hänselt, vor allem stachelt er die anderen Mitschüler_innen immer wieder dazu an. So war es auch in der Sportstunde als Thomas so ausgerastet ist. Thomas möchte es dem Jungen einmal so richtig heimzahlen, damit dieser endlich mal Ruhe gibt. Er meint, dass es dann auch in der Schule besser wäre. Thomas malt sich aus, eine Gelegenheit auf dem Weg von der Schule zu nutzen, um ihn zu schlagen.

Thomas wird ermuntert, sich die Vorteile und Nachteile zu überlegen, die ein solches Verhalten mit sich bringen würde. Thomas kommt zu den folgenden Vorteilen:

- „Ich werde meine Wut los."
- „Dann lässt er mich in Ruhe."
- „Dann traut er sich nicht mehr, mich blöd anzumachen."

Thomas stößt nach einigen Überlegungen auf folgende Nachteile:

- „Alle sagen, ich bin ein Schläger."

- „Ich bekomme Ärger mit der Lehrerin."
- „Die Mitschüler_innen mögen mich noch weniger."

Nachdem Thomas die Vorteile und Nachteile abgewogen hat, verwirft er diese Lösungsmöglichkeit.

Schritt 4: Abwägen der Möglichkeiten: Wie ist die Situation? Was kannst du tun?

Nach dem Abwägen der möglichen Konsequenzen der verschiedenen Lösungsmöglichkeiten fällt es Ihrem Kind leichter, eine Entscheidung für eine bestimmte Lösung zu treffen. Es kann dabei hilfreich sein, wenn Sie mit Ihrem Kind nochmals alle Lösungsmöglichkeiten durchgehen und die Vor- und Nachteile nochmals überlegen. Das Kind prägt sich auf diese Weise die Verbindungen von Lösungen und möglichen Konsequenzen ein.

Wenn sich das Kind für eine Lösungsmöglichkeit entschieden hat, gilt es zu überlegen, ob es diese in der konkreten Situation selbst umsetzen kann oder ob es Unterstützung durch andere Personen braucht. Sie sollten Ihr Kind anregen, darüber nachzudenken, ob es

- das Problem selbst in die Hand nehmen kann, die Sache selbst anpacken kann, wenn es sich Mühe gibt, oder
- Sie bei der Lösung des Problems helfen sollen oder Ihr Kind noch eine andere Person (z. B. die Lehrkraft) um Rat fragen oder um Unterstützung bitten will.

Beispiel: Thomas

Thomas schafft es nicht allein, wieder in die Schule zu gehen. Er möchte gerne den Mitschüler_innen sein Verhalten in der Sportstunde erklären und sich bei dem Jungen, der sich am Kopf verletzt hat, entschuldigen. Er braucht dazu aber die Unterstützung der Lehrerin. Sie überlegt gemeinsam mit Thomas, was er sagen soll und wie er auf die Mitschüler_innen zugehen soll. Die Lehrerin bereitet auch die Klasse auf die Rückkehr von Thomas vor, was ihn sehr beruhigt und erleichtert.

Machen Sie Ihrem Kind deutlich, das mit der gefundenen „besten" Lösung das Problem eventuell nicht einfach ganz verschwunden ist. Oftmals ist Geduld erforderlich und manchmal gelingt es zunächst lediglich, das Problem abzuschwächen, sodass sich die Situation weniger schlimm anfühlt.

Es gibt aber auch Probleme, die die Kinder trotz aller Bemühungen weder durch eigene Anstrengungen noch durch zusätzliche Unterstützung von außen beeinflussen oder gar lösen können. Das sind Probleme, für die es möglicherweise überhaupt keine direkte Lösung gibt, oder für die es zwar eine Lösung gibt, die aber nicht in der Hand der Kinder liegt. Möglicherweise sind die Ursachen des Problems nicht beeinflussbar bzw. veränderbar. Solche Probleme stehen oft in enger Verknüpfung mit einer Erkrankung eines Elternteils und/oder anderen schweren Belastungen in der Familie, wie z. B. einer Behinderung eines Familienmitglieds.

Beispiel: Thomas

Thomas macht sich große Sorgen um die Gesundheit seiner Mutter und würde ihr gerne helfen, damit es ihr wieder besser geht. Er kann sie im Haushalt entlasten und gemeinsam mit der Mutter Zeit verbringen. Er kann ihr aber nicht bei der Behandlung ihrer Erkrankung helfen, dazu braucht die Mutter die Hilfe von Fachleuten.

Wie kann ein Kind mit Sorgen oder Problemen, wie sie Thomas in Bezug auf die Gesundheit seiner Mutter erlebt, besser fertig werden? Thomas kann nichts aktiv tun, damit es der Mutter wieder besser geht. Wenn aktive Versuche einer Problemlösung nicht möglich sind, braucht ein Kind die Möglichkeit, um sich zu ablenken, die Unterstützung und Ermutigung, etwas Schönes zu unternehmen, und die Erlaubnis, sich an eine Vertrauensperson wenden zu dürfen, die zuhört und tröstet.

Sie sollten Ihrem Kind unbedingt erlauben und es immer wieder ermuntern, sich mit seinen Freunden zu treffen, seinen Hobbys nachzugehen und regelmäßig Kontakt zu Vertrauenspersonen, wie z. B. Onkel, Tante oder Oma und Opa, zu suchen. Ihr Kind findet dadurch einen Ausgleich zu den Belastungen und Spannungen, die mit der Krankheit verbunden sind.

Hintergrundwissen: Situationsangemessenheit des Bewältigungshandelns

Die Forschung konnte belegen, dass es nicht an sich gute und schlechte bzw. günstige und ungünstige Lösungsmöglichkeiten gibt. Dies ist übrigens nicht nur bei Kindern so, sondern auch bei Erwachsenen. Es kommt vielmehr darauf an, ob wir die Problemsituation und deren Ursache beeinflussen können oder nicht. Wenn wir die Situation durch unser Handeln verändern, das heißt die Ursache des Problems beeinflussen können, dann ist es günstig, die Sache selbst in die Hand zu nehmen und eventuell zusätzlich die Unterstützung anderer Personen zu suchen. Wenn wir dagegen mit einem Problem konfrontiert werden, das wir mit unseren Möglichkeiten nicht verändern können, weil wir die Ursache des Problems nicht beeinflussen können, wäre es keine Lösung, trotzdem zu versuchen, etwas aktiv zu unternehmen. Wir würden nur unser Scheitern erleben, den Mut verlieren und innerlich resignieren. Wenn wir es in einer solchen Situation schaffen, uns abzulenken, uns trösten zu lassen und durch Aktivitäten einen Ausgleich zu finden, wird sich die Belastung, die mit dem Problem verbunden ist, allmählich etwas reduzieren. Zugleich bleiben Hoffnung und Zuversicht bestehen, doch eine Lösung zu finden, indem man besser mit dem Problem umzugehen lernt.

Anhand von zwei alltäglichen Problemsituationen sollen diese beiden grundlegenden Lösungsstrategien nochmals veranschaulicht werden:

1. Am Tag vor einer wichtigen Klassenarbeit sitzt ein Kind in seinem Zimmer. Es ist ihm ganz mulmig, wenn es an die morgige Mathematikarbeit denkt. Das Kind kann die Ursache des Problems beeinflussen. So kann es nochmals üben und seinen Vater oder seine Mutter um Erklärungen bitten.
2. Ein Kind muss zum Zahnarzt und rechnet damit, dass die Behandlung sehr wehtun wird. Hier kann das Kind sich nur ablenken, sich ausmalen, was es anschließend Schönes tun könnte und sich von der Mutter trösten lassen. Die Ursache des Problems lässt sich hingegen nicht beeinflussen: Der Gang zum Zahnarzt ist unvermeidlich.

Schritt 5: Handeln: Jetzt geht es los!

Das Nachdenken über verschiedene Lösungsstrategien geht über in die Planung der notwendigen Teilschritte zur Lösung der Problemsituation. Das Kind soll gemeinsam mit Ihnen einen klaren Plan erarbeiten, welche Schritte gemacht werden sollen, um besser mit dem Problem fertig zu werden. Es geht um die Klärung folgender Fragen:

- Was ist zu tun?
- Welche Schwierigkeiten können dabei entstehen? Welche Gefühle tauchen möglicherweise auf?
- Wie kann das Kind bei der Umsetzung seiner Lösung mögliche Schwierigkeiten und Hindernisse überwinden?
- Schafft das Kind es allein oder braucht es Hilfe, um die gewünschte Lösung in die Tat umzusetzen?

Nun geht es darum, die ausgewählte Lösung in die Tat umzusetzen. Unterstützen Sie Ihr Kind bei der Umsetzung dieses Schrittes. Überlegen Sie gemeinsam mit Ihrem Kind, welche Schwierigkeiten auftreten könnten, wie es mit möglichen Schwierigkeiten umgehen könnte und welche Personen es dabei noch zusätzlich unterstützen könnten. Sichern Sie Ihrem Kind Ihre Unterstützung bei der Lösung des Problems ausdrücklich zu.

Beispiel: Thomas

Thomas wünscht sich seit langer Zeit, endlich seinen Vater persönlich kennenlernen zu dürfen. Der Mutter war dieses Gefühl in diesem Ausmaß nicht bewusst. Sie hat große Angst, Ihren Sohn zu verlieren und empfindet immer noch große Aggression gegenüber dem Vater ihres Kindes, weil er sie in der Schwangerschaft alleingelassen hat. Sie beginnt aber, den Wunsch ihres Sohnes zu verstehen. Als Thomas bemerkt, dass seine Mutter damit einverstanden ist, möchte er sofort Kontakt zum Vater aufnehmen, der in einer anderen Stadt wohnt. Die Mutter bremst Thomas in seinem Eifer, um ihm eventuell eine große Enttäuschung zu ersparen. Sie weiß nicht genau, in welchen Verhältnissen der Kindsvater lebt und ob dieser überhaupt Interesse an einem Kontakt zu seinem Sohn hat. Gemeinsam überlegen sie, wie die ersten Schritte aussehen könnten und welche Schwierigkeiten auftreten könnten.

Ermutigen Sie Ihr Kind, vielleicht erst einmal kleine Schritte zu gehen – die Lösungen also schrittweise zu erproben – und Erfahrungen mit neuen Verhaltensweisen zu sammeln. Erfolgserlebnisse stärken das Durchhaltevermögen des Kindes und erleichtern das Ertragen von Misserfolgen, die eventuell zwischendurch eintreten können, wenn sich die Lösung nicht so umsetzen lässt oder Geduld erforderlich ist, bis das erwünschte Ziel erreicht werden kann.

Schritt 6: Überprüfung: Hat die Lösung funktioniert?

Die einzelnen Lösungsschritte sollten immer sofort überprüft werden. Gemeinsam sollten Sie mit dem Kind überlegen, ob die gesetzten Ziele erreicht wurden. Eventuell stellt sich heraus, dass die Ziele kleiner gesteckt werden oder sogar andere Lösungsmöglichkeiten überlegt werden sollten.

Das Kind kann z. B. dazu aufgefordert werden, auf einer Skala von 0 bis 10 einzuschätzen, wie weit es bei der Erreichung des angestrebten Ziels gekommen ist:

Beispiele: Fragen zur Zielerreichung

- „Wie geht es dir?"
- „Hast du dein Ziel erreicht?"
- „Stell dir ein Zahlenband von 0 bis 10 vor. 0 bedeutet, dass alles unverändert geblieben ist und 10 bedeutet, dass du dein Ziel erreicht hast und das Problem gelöst ist. Wo befindest du dich heute? Wie geht es dir jetzt?"
- „Du sagst, du bist bei 5. Wie hast du das geschafft, dass du die Stufe 5 erreicht hast? Woran merkst du, dass du bei Stufe 5 angekommen bist?"

Das Gespräch über die Erfahrungen Ihres Kindes kann noch weiter vertieft werden:

- „Was ist dir leicht gefallen?"
- „Gibt es etwas, was Dir schwergefallen ist?"
- „Was würdest du beim nächsten Mal wieder genauso machen?"
- „Was würdest du beim nächsten Mal ganz anders machen?"

Durch solche zum Nachdenken anregenden Fragen kann herausgefunden werden, ob die Lösungsvorschläge vielleicht vorschnell als passend bewertet wurden oder das konkrete Vorgehen (die konkreten Teilschritte) nicht genau genug geplant wurden.

Bei positiv verlaufenen Erfahrungen mit der Problembewältigung wird das Gefühl von Selbstwirksamkeit bei Ihrem Kind gestärkt. Mit Selbstwirksamkeit ist die Überzeugung gemeint, auch mit einer schwierigen Situation fertig zu werden und aus eigener Kraft eine gute Lösung finden zu können.

Erfolgreiche Strategien im Umgang mit Belastungen können Ihrem Kind später auch in anderen Situationen helfen. Es ist daher von großer Bedeutung, Strategien, die zum positiven Verlauf beigetragen haben, besonders hervorzuheben und ausdrücklich zu benennen.

Beachten Sie

In der Regel verfügen Kinder erst ab dem Schulalter über die Fähigkeit, alle Schritte der Problemlösung zu verstehen. Einzelne Schritte können aber auch schon mit jüngeren Kindern durchgeführt werden. So können auch jüngere Kinder

- ermutigt werden, über Sorgen und Schwierigkeiten zu sprechen,
- angeregt werden, nach mehreren Lösungen für ein Problem zu suchen und
- über mögliche Konsequenzen der verschiedenen Lösungsmöglichkeiten nachzudenken.

Auch wenn die Durchführung dieser Schritte bei jüngeren Kindern nur teilweise gelingt, fördern Sie auf diese Weise schon früh die Entwicklung reflexiver Kompetenzen bei Ihren Kindern.

Überblick über die Schritte zu einer guten Problembewältigung

1. *Wahrnehmung und Beschreibung der Probleme und Sorgen: Dem Problem auf die Spur kommen. Herausfinden, was genau das Problem ist:*
   - Über was machst du dir Sorgen?
   - Was genau ist dein Problem? Wann tritt das Problem auf? Wo tritt es auf?

- Was geht dabei in dir vor? Welche Gedanken machst du dir darüber?
- Welche Gefühle hast du dabei?

2. *Suche nach Lösungsmöglichkeiten: Welche Lösungen gibt es für das Problem? Laut über mögliche Lösungen nachdenken:*
   - Was kannst du tun? Was kannst du sonst noch tun?
   - Das ist eine Möglichkeit. Fallen dir auch noch andere Möglichkeiten ein? Was kannst du sonst tun?
   - Was meinst du, sind die Vorteile, wenn du so reagieren würdest? Wenn du überlegst, gibt es vielleicht auch Nachteile, wenn du so reagieren würdest?

3. *Über mögliche Konsequenzen nachdenken: Was wird passieren?*
   - Was denkst du, passiert, wenn du so reagieren würdest?
   - Was denkst du, wie würden die anderen darauf reagieren, wenn du dich so verhalten würdest?
   - Was denkst du, wie würden sich die anderen dabei fühlen?
   - Was denkst du, wie würdest du dich dabei fühlen?

4. *Möglichkeiten abwägen: Wie ist die Situation? Was kannst du tun? Darüber nachdenken, ob das Problem selbst gelöst werden kann oder ob Unterstützung notwendig ist:*
   - Kannst du die Situation ändern, wenn du die Sache selbst in die Hand nimmst?
   - Ist es bei dem Problem besser, jemanden um Hilfe zu bitten? Ist es besser, mit jemanden darüber zu reden und sich trösten zu lassen?
   - Kannst du etwas tun, wenn du dir Mühe gibst, oder ist es besser, einfach an etwas Schönes zu denken oder einfach etwas zu tun, was Spaß macht?
   - Wenn du die Situation nicht ändern kannst, ist es vielleicht besser der Sache aus dem Weg zu gehen und den Schwierigkeiten auszuweichen?

5. *Handeln: Jetzt geht es los!*
   - Was ist zu tun?
   - Welche Schwierigkeiten können dabei entstehen? Welche Gefühle tauchen möglicherweise auf?
   - Wie kannst du bei der Umsetzung deiner Lösung mögliche Schwierigkeiten und Hindernisse überwinden?

- Schaffst du es allein oder brauchst du Hilfe, um die gewünschte Lösung in die Tat umzusetzen?

6. *Überprüfung: Hat die Lösung funktioniert?*
   - Wie geht es dir jetzt?
   - Hast du dein Ziel erreicht?
   - Stell dir ein Zahlenband von 0 bis 10 vor. 0 bedeutet, dass alles unverändert geblieben ist, und 10 bedeutet, dass das Problem gelöst ist. Wo befindest du dich heute?
   - Du sagst, du bist bei 5. Wie hast du es geschafft, dass du die Stufe 5 erreicht hast? Woran merkst du, dass du bei Stufe 5 angekommen bist?
   - Was ist dir leicht gefallen?
   - Gibt es etwas, was dir schwergefallen ist?
   - Was würdest du beim nächsten Mal wieder genauso machen?
   - Was würdest du beim nächsten Mal ganz anders machen?

3.4 Ermöglichen Sie Ihrem Kind Kontakte zu anderen Personen

Um Probleme lösen zu können oder um sich einfach nur ablenken und entspannen zu können, wenn das Problem nicht beeinflussbar ist, benötigen Kinder psychisch erkrankter Eltern auch die Unterstützung durch außenstehende Personen (Lenz, 2021). Sie brauchen den Rat und Trost sowie praktische Hilfe bei der Umsetzung mancher Problemlösungen durch erwachsene Vertrauenspersonen, wie nahe Verwandte, Lehrkräfte oder Erzieherinnen bzw. Erzieher.

Beispiel: Thomas

Ohne die Unterstützung und das Verständnis der Lehrerin hätte es Thomas nach dem Vorfall in der Schule nicht so schnell geschafft, trotz Bedenken, Ängsten und Schamgefühlen wieder in die Schule zu gehen. Die Lehrerin hat ihm Mut zugesprochen und ihn darin bestärkt, wieder in die Schule zu kommen. Sie hat auch die Klasse darauf vorbereitet.

Durch Kontakte zu Gleichaltrigen und durch die Einbindung in Vereine, Jugendgruppen und andere Gemeinschaften verschaffen sich die Kinder zugleich auch Möglichkeiten, Entspannung, Ablenkung und Ausgleich zu finden. Kinder lernen auch viel voneinander: Kinder können gewissermaßen „unterschwellig“ bzw. nebenbei verschiedene Problemlösungen und Verhaltensweisen lernen, indem sie andere Kinder beobachten und deren Lösungswege für eigene Probleme übernehmen.

Hintergrundwissen: Soziale Unterstützung

Studien haben gezeigt, dass die sozialen Kontakte außerhalb der Familie einen nicht nur für Kinder, sondern auch für die Erwachsenen wichtigen Bestandteil des „sozialen Immunsystems“ darstellen. Die Beziehungen zu Verwandten, Freund_innen, Bekannten und Arbeitskolleg_innen – und speziell bei Kindern kommen die Beziehungen zu Gleichaltrigen sowie die Kontakte zu Lehrkräften und Erzieher_innen dazu – bilden einen Puffer in Krisensituationen und einen wichtigen Schutz gegenüber Belastungen und Problemen. Die Kontakte fördern auch das allgemeine Wohlbefinden, Geborgenheit und die Zufriedenheit. Wir Menschen sind soziale Wesen und brauchen andere Menschen.

Eine zuverlässige und vertrauensvolle Bezugsperson kann für Ihr Kind, insbesondere in ausgeprägten Belastungs- und Krisenzeiten, wie sie beispielsweise eine Krankheitsphase oder ein Klinikaufenthalt darstellen, zu einer hilfreichen Unterstützungsquelle werden. Eine solche Person könnte Ihr Kind begleiten und zu einer verständnisvollen Ansprechperson werden, die Schutz und Sicherheit bietet und die Suche nach Problemlösungen im Alltag unterstützt, wenn Sie wegen der Erkrankung zeitweise nicht ausreichend Kraft dafür aufbringen können. Eine zuverlässige Bezugsperson für Ihr Kind wird Sie entlasten und Ihre Sorgen und Schuldgefühle dem Kind gegenüber vermindern, wenn es Ihnen schlecht geht. Sie können sich dann besser auf die Behandlung einlassen und sich mit Ihren eigenen Problemen auseinandersetzen.

Wir wissen, dass Kindern psychisch erkrankter Eltern oftmals positive und stabile Beziehungen und Kontakte fehlen, die ein solches „soziales Immunsystem“ bilden könnten. Sie haben niemanden außerhalb der Familie, mit dem sie über ihre Probleme sprechen und mit dem sie etwas unternehmen können.

Warum sich Kinder psychisch kranker Eltern häufig allein gelassen fühlen und keine Vertrauenspersonen außerhalb der Familie haben, kann verschiedene Gründe haben, die aber meist eng mit einem sogenannten „Schweigegebot" in der Familie zusammenhängen (vgl. Kapitel 1.5). Ein „Schweigegebot" in der Familie kommt dadurch zustande, dass aufgrund von Ängsten, Schamgefühlen und Schuldgefühlen der Eltern nicht über die Erkrankung und die Auswirkungen auf das Zusammenleben in der Familie gesprochen werden darf. Wenn in der Familie nicht offen über die Krankheit gesprochen wird, gewinnt dieses Thema schnell den Status eines Geheimnisses und Geheimnisse dürfen nicht weitererzählt und nach außen getragen werden. So lautet die meist indirekte Botschaft der Eltern. Sie sprechen das „Schweigegebot" meist nicht offen aus, sondern vermitteln es durch ihr Verhalten, durch ihre Mimik und Gestik. Kinder haben sehr feine Antennen für solche indirekten Botschaften und fühlen sich ihren Eltern gegenüber verpflichtet und gebunden.

Beachten Sie

- Durch das Schweigegebot versuchen Eltern, ihre Kinder vor möglichen Vorurteilen und Stigmatisierungen sowie Ablehnung und Ausgrenzungen im Umfeld, z. B. in der Schule und in der Nachbarschaft, zu schützen.
- Durch das Schweigegebot innerhalb der Familie fehlen den Kindern zudem die passenden „Worte", um ihre Sorgen über die Erkrankung der Eltern Bezugspersonen und Vertrauenspersonen überhaupt angemessen schildern zu können.

Kinder sind oftmals hin- und hergerissen. Sie glauben einerseits, dass sie ihre Eltern verraten würden, wenn sie das „Schweigegebot" in der Familie auflösen und sich einer anderen Person außerhalb der Familie anvertrauen würden. Andererseits spüren sie ein großes Bedürfnis, mit jemandem über Sorgen und Probleme sprechen zu können, Spaß zu haben und sich einfach abzulenken.

Beispiel: Thomas

Thomas spürt genau, dass es seiner Mutter unangenehm, ja sogar sehr peinlich wäre, wenn er offen über seine Sorgen um die Mutter und Probleme in der Schule mit seiner Großmutter oder der befreundeten Nachbarin sprechen würde. Er findet beide nett und verständnisvoll, merkt aber deutlich, dass es seine Mutter nicht möchte, dass etwas, was mit ihrer Krankheit zusammenhängt, nach außen getragen wird. Er möchte seine Mutter nicht enttäuschen und verheimlicht seine Sorgen und Probleme vor der Großmutter und der Nachbarin.

Sprechen Sie mit Ihrem Kind. Vermitteln Sie ihm Ihr Verständnis für das Bedürfnis nach einer Vertrauensperson und nach Kontakten zu Gleichaltrigen. Ermutigen Sie Ihr Kind. Erst dann wird es ohne Schuldgefühle oder Gefühle des Verrats an den Eltern einen solchen Schritt gehen. Das Kind braucht Ihre „Erlaubnis“ dazu, dass es für Sie in Ordnung ist, wenn es sich in der Freizeit mit Mitschüler_innen verabredet, regelmäßig zum Sportverein geht und etwas unternimmt, Großeltern besucht oder mit Onkeln und Tanten einen Ausflug oder Stadtbummel macht.

Beachten Sie

Vertrauensvolle Beziehungen zu erwachsenen Bezugspersonen und dauerhafte Kontakte zu Gleichaltrigen sind nur möglich, wenn das Kind spontan von sich und der Familie etwas preisgeben darf. Das Kind wird dann die gewünschte Unterstützung und den Ausgleich finden, wenn es bereit ist, offen auf andere zuzugehen.

Psychisch erkrankte Eltern haben oftmals Bedenken und Ängste, dass Dinge nach außen dringen könnten, die mit ihrer Krankheit verbunden sind. Solche Bedenken und Ängste sind nicht ganz unbegründet, denn psychische Krankheiten sind in unserer Gesellschaft immer noch mit der Gefahr von Stigmatisierung und Diskriminierung verbunden. Davon betroffen sind meist nicht nur die psychisch kranke Person, sondern auch die Familie und die Kinder.

Es ist daher erforderlich, mit den Kindern offen über die Bedenken und Ängste zu sprechen und sie für die Frage zu sensibilisieren: „Wem möchte ich was über mich (oder die Familie bzw. die Eltern) erzählen?“. Durch den Umgang mit dieser Frage entwickeln Kinder ein Gespür für Offenheit und Vertraulichkeit. Sie lernen zwischen persönlichen Dingen und Angelegenheiten zu unterscheiden, die man nach außen trägt, also anderen mitteilt, um sich als Person zu zeigen, sowie persönlichen Dingen und Angelegenheiten, die man bei sich behält, also nicht nach außen trägt oder nur ganz bestimmten Personen erzählt.

3.4.1 Suchen Sie gemeinsam eine „Patin“ bzw. einen „Paten“ für Ihr Kind

Wir wissen, dass eine vertrauensvolle Beziehung zu einer erwachsenen Person außerhalb der Familie einen wichtigen Schutzfaktor für Kinder darstellt. Eine Person aus der Verwandtschaft, aus dem Freundeskreis oder eine Erzieherin bzw. ein Erzieher oder eine Lehrkraft können eine wichtige Quelle der Unterstützung und des Rückhalts für die Kinder sein.

Es hat sich als hilfreich erwiesen, wenn eine Bezugsperson aus dem sozialen Umfeld die Aufgabe einer „Patin“ oder eines „Paten“ übernimmt. Eine „Patin“ oder ein „Pate“ ist eine Person, zu der sowohl Ihr Kind als auch Sie Vertrauen haben und die vor allem kurzfristig verlässliche Hilfe und Unterstützung bieten kann, z.B. wenn sich der Gesundheitszustand plötzlich verschlechtert oder ein Klinikaufenthalt notwendig wird.

Beachten Sie

Entscheidend für Sie als Eltern und für Ihr Kind ist Vertrauen und Sicherheit, dass diese Person in solchen Krisenzeiten und akuten Krankheitsphasen zur Verfügung stehen wird. Dazu sind klare Absprachen notwendig, die am besten in einem sogenannten Krisenplan festgehalten werden sollten (vgl. Kapitel 3.4.3).

Die Gewissheit, durch die „Patin“ bzw. den „Paten“ in Krisen und Notsituationen entlastet zu werden, wirkt sich positiv auf die psychisch erkrankten Eltern aus. Dies zeigen vielfältige Erfahrungen in der Praxis. So trägt beispielsweise die Regelung der Betreuung dazu bei, die Sorgen und Schuldgefühle psychisch erkrankter Mütter zu reduzieren, die durch einen notwendigen Klinikaufenthalt bei ihnen häufig ausgelöst werden.

Ihr Kind erfährt durch die vertrauensvolle Beziehung zur „Patin“ oder zum „Paten“ Rückhalt und Entlastung in einer Situation, die von Unsicherheit, Sorgen und Ängsten gekennzeichnet ist. Der sichere Rahmen schafft für Ihr Kind Möglichkeiten, Schuldgefühle oder Ängste und Sorgen zum Ausdruck bringen zu können. Zugleich kann die Patin bzw. der Pate Ihrem Kind auch Möglichkeiten zur Ablenkung, Ruhe und zum Ausgleich in der Krisenzeit eröffnen.

Merke

Patenschaften sind wie gut funktionierende Verwandtschaften. Häufig sind es auch Verwandte, die diese Aufgabe übernehmen. Die Erfahrungen zeigen, dass diese Aufgabe aber auch Freund_innen, gute Bekannte und Nachbar_innen übernehmen können. Grundlage ist die gegenseitige Akzeptanz und ein vertrauensvoller, respektvoller Umgang miteinander.

Notwendig ist eine räumliche Nähe zwischen dem Kind und der Patenfamilie. Die räumliche Nähe ist eine entscheidende Voraussetzung für das Gelingen einer Patenschaft. Nur durch die räumliche Nähe kann sich eine gefühlsmäßige Sicherheit bei den Kindern entwickeln, aus der für die Kinder schließlich Vertrautheit erwächst, die es ihnen ermöglichen, in Krisenzeiten in der Patenfamilie einen verlässlichen „Beziehungsstützpunkt" außerhalb der Familie zu sehen.

Die räumliche Nähe ist auch deshalb wichtig, damit bei einer vorübergehenden Unterbringung in der Patenfamilie, z. B. wenn ein Klinikaufenthalt notwendig ist, das gewohnte soziale Umfeld erhalten bleibt, das Kind also ohne Unterbrechung den Schulbesuch fortsetzen kann sowie Freundschaftskontakte und Freizeitaktivitäten weiter gepflegt werden können.

Beachten Sie

Nehmen Sie Ängste und Bedenken, die möglicherweise bei der Suche nach einer „Patin" bzw. einem „Paten" auftauchen, ernst. Wägen Sie den „Nutzen" – Entlastung und Sicherheit für Ihr Kind und Sie speziell in Krisensituationen – und die „Kosten" – Unterstützung suchen, setzt die Bereitschaft voraus, Probleme nach außen zu tragen, sich an eine andere Person zu wenden – gegeneinander ab.

Sprechen Sie mit einer Vertrauensperson, z. B. Ihrer Therapeutin bzw. Ihrem Therapeuten oder Ihrer Ärztin bzw. Ihrem Arzt, über „Nutzen" und „Kosten", die mit einer Entscheidung für Sie, Ihr Kind und Ihre Familie verbunden sind.

3.4.2 Wie können Sie Ihr Kind bei der Suche nach einer Vertrauensperson einbeziehen?

Es ist wichtig, dass Sie bei der Suche nach der Vertrauensperson Ihr Kind von Anfang an aktiv einbeziehen. Die Person soll eine vertrauensvolle Bezugsperson sein, die in einer schwierigen Situation Entlastung und Rückhalt bietet. Deshalb ist es notwendig, dass Ihr Kind nicht nur gefragt und angehört wird, sondern mitbestimmen und mitentscheiden darf. Eine solche Einbeziehung stärkt darüber hinaus auch das Selbstwertgefühl des Kindes. Es fühlt sich ernstgenommen und macht die Erfahrung, dass es bei einer Angelegenheit, die es unmittelbar selbst betrifft, mitwirken kann. Das Kind entdeckt auf diese Weise seine eigenen Fähigkeiten und Kräfte und spürt, dass es etwas beeinflussen und mitgestalten kann.

Erfahrungen zeigen, dass es Kindern oftmals über eine zeichnerische bzw. gestalterische Darstellung leichter fällt, vertrauensvolle Bezugspersonen zu finden. Bewährt haben sich dabei sogenannte Netzwerkzeichnungen.

Beispiel: Netzwerkzeichnung

Sie setzen sich mit Ihrem Kind zusammen und schlagen vor, dass es sich Personen überlegen soll,

- die es gerne mag,
- mit denen es sich gern unterhält,
- mit denen es gerne spielt und
- die ihm bei Schwierigkeiten schon geholfen haben.

Nachdem über diese Fragen einige Personen gefunden wurden, soll das Kind auf einem Zeichenblatt, auf das es zunächst seinen Namen einträgt, die genannten Personen platzieren. Je gefühlsmäßig näher die Person vom Kind erlebt wird, desto näher wird die Person am eigenen Namen eingezeichnet.

Auf diese Weise entsteht eine Netzwerkzeichnung, auf der, wie Abbildung 1 zeigt, nicht nur erwachsene Bezugspersonen, sondern eventuell auch Freunde und Mitschüler_innen genannt werden.

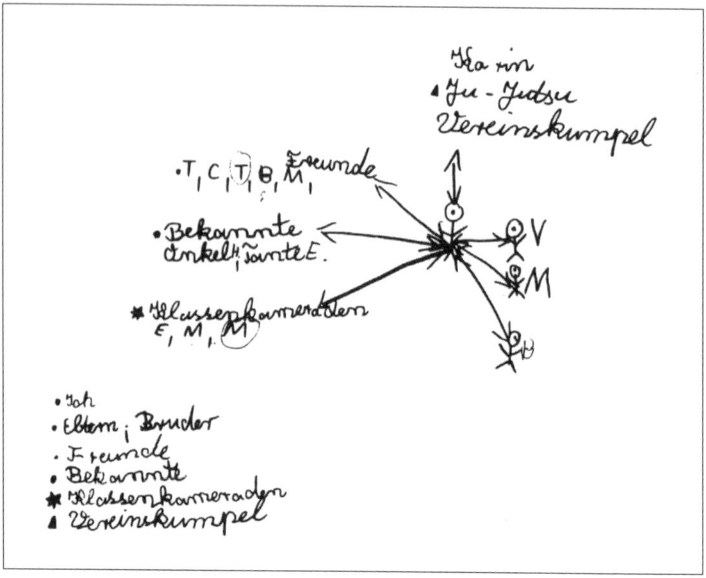

Abbildung 1: Beispiel einer Netzwerkzeichnung

Eine solche zeichnerische Darstellung verdeutlicht den Kindern ihre Kontakte und macht ihnen ihre Beziehungen im sozialen Umfeld bewusst. Dies erleichtert einen Einstieg in Gespräche über hilfreiche und unterstützende Personen, über ihre Wünsche, Hoffnungen, aber auch über Ängste und Befürchtungen in Bezug auf diese Personen.

Durch Kontakte zu Gleichaltrigen und Einbindungen in Vereine, Jugendgruppen und andere Gemeinschaften verschaffen sich die Kinder zugleich auch Möglichkeiten, Entspannung, Ablenkung und Ausgleich zu finden. Kinder lernen zudem viel voneinander. Von gleich zu gleich werden „nebenbei" verschiedenen Problemlösungen und Verhaltensweisen gelernt.

3.4.3 Erstellen Sie gemeinsam mit Ihrem Kind einen Krisenplan

Ein Krisenplan enthält verbindliche, schriftlich fixierte Absprachen, die es dem Kind erleichtern, in akuten Krankheitsphasen der Eltern sowie in sich zuspitzenden familiären Krisensituationen Hilfe und Sicherheit bei einer vertrauten Person zu finden. In einem Krisenplan wird

- die Vertrauensperson aus dem Umfeld genannt, an die sich das Kind wenden kann, und festgelegt,
- wann, in welcher Form und in welchem Umfang die Vertrauensperson Hilfe und Unterstützung leisten kann bzw. soll.

Der Krisenplan enthält:

- Adresse und Telefonnummer der Vertrauensperson und
- eine Vereinbarung, wie das Kind in der Krisensituation Kontakt aufnehmen kann.

Abbildung 2 zeigt beispielhaft, wie ein Krisenplan aufgebaut sein kann. Kinder werden durch einen Krisenplan befähigt, aktiv zu handeln und an der Situation etwas zu ändern. Sie erleben, dass sie durch eigene Aktivitäten etwas erreichen können, was ihr Selbstwertgefühl stärkt. Für die erkrankten Eltern schaffen solche verbindlichen Absprachen Entlastung von Schuldgefühlen und Sorgen in Bezug auf die Versorgung der Kinder.

Beachten Sie

Selbst wenn keine festen Patenschaften verabredet worden sind, sollte ein Krisenplan mit detaillierten und verbindlichen Absprachen für Krisenzeiten erstellt werden.

Bei der Erstellung eines Krisenplans sollten Sie darauf achten, dass Ihr Kind von sich aus eine Vertrauensperson nennt. Geben Sie ihm dabei genügend Zeit, sich zu überlegen, welche Person es sich vorstellen kann. Es ist wichtig, dass Ihr Kind „seine“ Vertrauensperson findet (siehe vorangegangene Ausführungen zur Einbeziehung Ihres Kindes).

Die einzelnen Absprachen müssen konkret und altersgemäß für das Kind vereinbart werden. Das heißt zum einen, dass die Hilfen durch die Vertrauensperson so ausgestaltet werden sollten, dass sie auch auf längere Zeit hin leistbar sind. Wichtig ist dabei, sich über die Grenzen und den möglichen zeitlichen Umfang der Hilfeleistungen zu verständigen.

Zum anderen müssen die altersmäßigen Fertigkeiten des Kindes bei der Erstellung des Krisenplans berücksichtigt werden. Kann sich das Kind

Hier ist Platz für ein Bild von mir!

Das bin ich

Krisenplan von

____

Name des Kindes

Hier ist Platz für ein Bild von meiner Vertrauensperson!

Das ist meine Vertrauensperson

______________________ (Vertrauensperson) hilft mir, wenn

- Mama/Papa nicht für mich sorgen kann!
- Mamas/Papas Krankheit schlimmer wird!
- Mama/Papa in die Klinik muss!
- ______________________
- ______________________
- ______________________

So kann ich ______________________ (Vertrauensperson) erreichen:

Die Handynummer lautet: ______________________

Die Adresse lautet:

Straße, Hausnummer: ______________________

Ort: ______________________

______________________ (Vertrauensperson) kümmert sich dann um mich.

Beispiele für konkrete Absprachen

- Ich kann bei ihr/ihm Hausaufgaben machen und auch übernachten. Mama ist damit einverstanden.
- Sie/er hat auch einen Schlüssel für die Wohnung und kann nach meiner Mama schauen.

______________________ (Unterschrift des Kindes)

______________________ (Unterschrift der Vertrauensperson)

______________________ (Unterschrift Mutter)

______________________ (Unterschrift Vater)

Abbildung 2: Krisenplan

über das Telefon im Notfall Hilfe holen oder sollte die Vertrauensperson möglichst im nahen Umfeld wohnen, damit das Kind sie auch zu Fuß erreichen kann?

3.5 Sprechen Sie mit Ihrem Kind über die Krankheit

Ihr Kind nimmt Veränderungen schnell wahr, wenn es Ihnen schlecht geht. Es spürt sofort, wenn Mutter oder Vater anders als gewohnt reagieren, z. B. nervös, reizbar und unruhig oder ängstlich und traurig. Kinder müssen erfahren, was mit ihrer Mutter oder ihrem Vater los ist, um ihre Beobachtungen und Eindrücke einordnen zu können. Wenn sie über diese Veränderungen keine Informationen erhalten, werden sie ihre Wissenslücken mit ihren Fantasien füllen, die oftmals schlimme Befürchtungen und Ängste beinhalten.

Informationen über Auswirkungen der Erkrankung vermitteln den Kindern ein Gefühl von Sicherheit, Fragen stellen zu dürfen und ermutigt sie, über ihre Sorgen und Ängste sprechen zu können. Die Forschung konnte aufzeigen, dass Wissen über die Erkrankung und ein besseres Verstehen der Situation für die Kinder einen ganz besonderen Schutzfaktor darstellt (vgl. Kapitel 2). Die Informationen sollten so schnell wie möglich gegeben werden, weil Ihr Kind gerade zu Beginn der Erkrankung bzw. der Behandlung oder eines Klinikaufenthalt häufig stark belastet und verunsichert ist.

Beispiel: Die Krankheit gegenüber dem Kind ansprechen

„Damit du Bescheid weißt und dir nicht unnötig Sorgen machst, möchte ich (möchten wir) dir erklären, was los ist!"

Sie sollten Ihrem Kind folgende Informationen geben:

- „Ich bin krank."
- „Die Krankheit heißt ..."
- „Ich gehe in Behandlung bzw. in die Klinik, damit mir die Ärzt_innen und Therapeut_innen besser helfen können."

- „Für dich werden sich folgende Veränderungen ergeben: ..." (z. B. „Die Großmutter wird dich versorgen und dich auch am Dienstagnachmittag zum Fußballtraining bringen.")

Es ist ausreichend, wenn Ihr Kind zunächst diese allgemeinen Informationen über die Erkrankung und die eventuellen Auswirkungen auf den Alltag erhält. Damit stellen Sie eine Offenheit und Transparenz her, die dem Kind signalisiert, dass es Fragen stellen und über seine Sorgen sprechen kann (Lenz, 2021).

Formulierungshilfen für eine kindgerechte Information über die Erkrankung: Was ist eine psychische Erkrankung?

- Eine psychische Erkrankung ist eine Krankheit wie andere Krankheiten, z. B. eine Allergie, Fieber und Erkältung, Masern oder Windpocken. Alle Krankheiten beeinflussen die Familie.
- Die Menschen, die eine psychische Erkrankung bekommen, können sich auf unterschiedliche Art und Weise verändern: im Verhalten, in den Gefühlen oder im Denken.
- Manche Menschen sind so traurig, dass sie fast gar nichts schaffen und sich zu fast gar nichts aufraffen können. Sie fühlen sich so kraftlos, dass sie viel im Bett oder auf dem Sofa liegen und kaum noch die Arbeit schaffen.
- Andere Menschen sind sehr ängstlich. Sie haben Angst davor, mit dem Bus zu fahren. Sie haben Angst davor, Leute zu treffen oder krank zu werden. Manchmal ist die Angst so stark, dass die Menschen viele Dinge nicht mehr tun können.
- Wieder andere Menschen sind schnell wütend wegen Kleinigkeiten und dann wieder die ganze Zeit traurig, müde, schlapp und lustlos.
- Andere Menschen sind tagelang ganz aufgedreht und unruhig. Sie gehen mit ihrer Unruhe und Übermut anderen Menschen so richtig auf die Nerven.
- Manche Menschen geraten bei kleinen, alltäglichen Dingen ganz schnell in Panik. Oder sie regen sich wegen Kleinigkeiten fürchterlich auf und werden böse.
- Manche Menschen sind zeitweise sehr verwirrt, können nicht mehr klar denken und benehmen sich oft auch eigenartig. Sie sind vielleicht so durcheinander, weil sie Stimmen hören, die sonst niemand hört oder Dinge sehen, die nicht da sind.

Beispiel: Die psychische Krankheit dem eigenen Kind erklären

„Ich habe dir jetzt eine Menge über psychische Krankheiten erzählt: Du siehst, es gibt verschiedene psychische Krankheiten, die alle einen bestimmten Namen haben. Einige Namen hast du schon einmal gehört bzw. kennst du bereits, einige sind dir vielleicht nicht bekannt. Sie heißen z.B. Depression, bipolare Depression, Schizophrenie, Psychose, Angststörung, Borderline-Persönlichkeitsstörung oder Phobie. Meine Krankheit heißt ..."

Der folgende Kasten enthält einige Beispiele dazu, wie verschiedene Störungen in einfachen, für das Kind verständlichen Worten erklärt werden können:

Beispiele für Formulierungen bei verschiedenen psychischen Erkrankungen

- *Depression:* Man kann nicht aufhören, traurig zu sein und ist immer furchtbar müde. Man mag morgens nicht aufstehen, sich nicht anziehen, nichts kochen und nichts essen. Man mag nicht sprechen und nichts hören, weil alles so schrecklich anstrengend erscheint.
- *Manie:* Eine Manie ist das Gegenteil von Depression und tritt manchmal im Wechsel mit ihr auf (man spricht dann von einer bipolaren Störung). Man kann dann nicht stillsitzen und hat das Bedürfnis, immerzu zu sprechen. Man will alles gleichzeitig machen und kann nicht schlafen, weil zu viele Gedanken und Ideen im Kopf herumschwirren.
- *Schizophrenie:* Man hört, sieht, fühlt oder riecht häufig Sachen, die gar nicht da sind. Man hört z.B. Stimmen, die sonst keiner hört. Man sagt oder tut dann komische Dinge, die scheinbar keinen Sinn ergeben und manchmal auch Angst machen.
- *Phobie:* Das ist, wenn man nicht mehr aufhören kann, vor bestimmten Dingen oder Sachen Angst zu haben, z.B. in ein Kaufhaus zu gehen, mit der Straßenbahn zu fahren, mit dem Flugzeug zu fliegen (oder auch vor Spinnen, Schlangen oder vor engen Räumen). Die Angst ist dann riesengroß und man glaubt, es nicht aushalten zu können.

Offenheit und Ehrlichkeit gibt Ihrem Kind in einer solchen Belastungssituation ein Gefühl von Sicherheit und Vertrauen. Wenn dagegen ein

Kind den Eindruck gewinnt, die Unwahrheit über die Krankheit seiner Eltern vermittelt zu bekommen, wird das Vertrauen oftmals schwer erschüttert. Das Kind wird misstrauisch, wendet sich innerlich vielleicht sogar ab und ist nur noch schwer erreichbar.

Merke

Durch Informationen über die Krankheit erhalten die Kinder eine innere Erlaubnis, Fragen stellen und über Sorgen und Ängste sprechen zu dürfen. Dies ermöglicht ihnen, allmählich die Verhaltensweisen ihrer Eltern und die Auswirkungen der Krankheit auf die Familie und auf ihren Alltag besser zu verstehen. Ein besseres Verständnis schafft die Voraussetzung dafür, dass Kinder lernen, mit der Situation umzugehen.

Mit Ihrem Kind über die Erkrankung sprechen, bedeutet nicht, dass Sie ihm alle Einzelheiten über die Erkrankung mitteilen müssen. Kinder wären mit verschiedenen Inhalten und Themen, die mit der Erkrankung zusammenhängen und nur Sie als Eltern betreffen, unter Umständen auch emotional und kognitiv überfordert. Worüber die Kinder aber detailliert informiert werden sollten, sind alle Angelegenheiten, die sie unmittelbar betreffen, d. h. insbesondere alle Veränderungen, die aufgrund der Erkrankung im Alltag und im Familienleben eintreten werden.

Als Grundsatz muss gelten: *Alles was gesagt wird, soll nach bestem Wissen und Gewissen wahr sein!*

Wenn Sie unsicher sind oder Bedenken haben, mit dem Kind über die Erkrankung zu sprechen, – Sie vielleicht befürchten, Ihr Kind könnte dadurch zu stark belastet werden oder Ihr Kind könnte Sie beispielsweise ablehnen bzw. nicht mehr als Mutter oder Vater akzeptieren – sprechen Sie mit Ihrer Therapeutin oder Ihrem Therapeuten oder einer anderen professionellen Vertrauensperson.

Zudem sollten Sie sich folgende Fragen stellen:
- Was befürchte ich, was passieren könnte, wenn mein Kind über die Erkrankung Bescheid wüsste?
- Was würde sich verändern, wenn mein Kind mehr über die Erkrankung wissen würde?

- Wie erklärt sich mein Kind möglicherweise mein Verhalten, wenn es mir schlecht geht (wenn ich z. B. gereizt reagiere)?
- Welche Gedanken bewegen mein Kind möglicherweise, wenn ich in die Klinik gehen müsste?

Ein Nachdenken über diese Fragen erleichtert es Ihnen, sich klarer über Ihre Unsicherheiten und Bedenken zu werden.

3.5.1 Welche Fragen beschäftigen Ihr Kind?

Ziel ist es, durch die Informationen über die Krankheit die Kinder zu ermutigen, Fragen zu stellen und ihre Informationsbedürfnisse offen zum Ausdruck zu bringen. Diese Fragen werden sich im Verlauf der Zeit ändern. Kinder beschäftigen sich zu Beginn Ihrer Erkrankung und der Behandlung mit anderen Fragen als nach der Behandlung, wenn sich Ihr Gesundheitszustand wieder stabilisiert hat. Ein Kind, das die Erkrankung seiner Eltern zum ersten Mal erlebt, hat andere Fragen als ein Kind, das bereits einmal erlebt hat, dass es seiner Mutter oder seinem Vater schlecht geht (vgl. Kapitel 2.3).

Wir wissen mittlerweile ganz gut, was die Kinder beschäftigt, welche Fragen sie bewegen (vgl. Tabelle 3). Diese Fragen trauen sie sich meist erst zu stellen, wenn sie die „innere Erlaubnis“ von ihren Eltern erhalten haben, das heißt, wenn sie spüren, dass die Eltern damit einverstanden sind. Einige Fragen wagen manche Kinder zunächst überhaupt nicht zu stellen.

Tabelle 3: Fragen, die Kinder beschäftigen

Krankheitsursachen und Verlauf der Krankheit	• Was ist mit meiner Mutter/meinem Vater los? • Warum ist meine Mutter/mein Vater krank geworden? • Woher kommt die Krankheit der Mutter/des Vaters? • Ist meine Mutter/mein Vater meinetwegen krank? • Bin ich schuld, dass Mama/Papa wieder in die Klinik muss? Habe ich etwas falsch gemacht? Habe ich der Mama/dem Papa zu

Tabelle 3: Fortsetzung

	wenig geholfen? Habe ich mich zu wenig um sie/ihn gekümmert? • Wird es schlimmer werden?
Mögliche Veränderungen im Familienleben	• Wird sich mein Leben ändern und wenn ja, wie? • Wer wird für mich sorgen? • Muss ich ins Heim? • Was mache ich, wenn es zu Hause Schwierigkeiten gibt?
Umgang im familiären Alltag	• Wie soll ich mich meiner Mutter/meinem Vater gegenüber verhalten? Muss ich mich jetzt anders verhalten? • Wie soll ich auf Verhaltensweisen oder Worte von meiner Mutter/meinem Vater reagieren? • Wie kann ich meine Mutter/meinen Vater in gesunden Phasen und in akuten Krankheitsphasen unterstützen?
Unterschiede zwischen psychischer Krankheit und körperlicher Krankheit und Behandlungsverlauf	• Was heißt „psychisch krank"? • Was heißt „Therapie"? Was ist ein Psychiater (ein Psychotherapeut)? • Gibt es Medikamente für meine Mutter/meinen Vater? • Kann meine Mutter/mein Vater wieder gesund werden?
Erbeinflüsse	• Werde ich auch krank? • Werden noch andere aus meiner Familie krank?

Tabelle 4 liefert mögliche Antworten auf die in Tabelle 3 aufgelisteten Fragen der Kinder.

Tabelle 4: Mögliche Antworten auf die Fragen der Kinder

Krankheitsursachen	• Es ist niemals die Schuld der Kinder, dass Eltern krank werden. Du bist also nicht schuld daran. • Es ist nicht alles genau bekannt, warum Menschen psychisch krank werden. • Fachleute denken mittlerweile, dass verschiedene Faktoren daran beteiligt sind,

Tabelle 4: Fortsetzung

	wenn ein Mensch psychisch krank wird: eine größere Empfindsamkeit für Belastungen, das Erleben von großen Belastungen im Leben und mangelnde bzw. nicht ausreichende Fähigkeiten, mit Belastungen fertig zu werden. • Psychische Erkrankungen sind nicht ansteckend.
Krankheitsverlauf	• So verschieden Menschen sind, so verschieden verlaufen auch die psychischen Krankheiten. • Es gibt psychisch erkrankte Menschen, die nach der Behandlung gesund sind und auch bleiben. • Einigen psychisch erkrankten Menschen geht es über einen langen Zeitraum ganz gut, aber dann werden sie wieder krank und brauchen wieder eine Behandlung.
Behandlung	• Es gibt mehrere Formen von Behandlungen für psychische Erkrankungen: Medikamente, damit z. B. die Angst oder Traurigkeit nicht mehr ganz so schlimm ist, und vor allem Gespräche über die Probleme, um Lösungen für die Probleme zu finden. • Eine Behandlung kann ambulant sein, das heißt, Eltern gehen regelmäßig zu einer Therapeutin oder einem Therapeuten, oder sie kann stationär in einer psychiatrischen Klinik sein, das heißt, die Eltern gehen für eine Weile ins Krankenhaus. • Es gibt auch eine Behandlung, bei der die Eltern morgens in Behandlung gehen und abends wieder nach Hause kommen. Dann spricht man von einer Tagesklinik. • Eine Psychiaterin ist eine Ärztin bzw. ein Psychiater ist ein Arzt, die/der ein großes Wissen über psychische Krankheiten hat, die/der Medikamente verschreibt und mit dem Kranken über die Probleme spricht; die Psychotherapeutin bzw. der Psychotherapeut führt Gespräche über die Probleme, um Lösungen für die Probleme zu finden.

Tabelle 4: Fortsetzung

Umgang im familiären Alltag	• Wenn die Mutter oder der Vater psychisch krank ist, beeinflusst das die ganze Familie und damit auch dich als Kind. • Es sind nicht die Kinder, die verantwortlich sind, dass es den Eltern gut geht. • Es ist schön, wenn du Mama oder Papa hilfst, aber du brauchst es nicht allein schaffen. • Eltern freuen sich, wenn du zu Hause mehr Verantwortung übernimmst: im Haushalt hilfst, mit den jüngeren Geschwistern Hausaufgaben machst, aber die Krankheit geht dadurch nicht weg. Dazu brauche ich die Hilfe von Fachleuten. • Du hast ein Recht darauf, wegzugehen, dich mit Freunden zu treffen, deinen Hobbys nachzugehen, auch wenn ich krank bin. • Wenn du unruhig bist oder dir Sorgen um die Eltern machst, brauchst du einen Menschen, mit dem du reden kannst. • Es gibt viele Kinder, die Eltern haben, die psychisch krank sind.
Erbeinflüsse	• Niemand erbt die Krankheit direkt, da ist sich die Wissenschaft sicher. • Es ist nicht so, dass du auch psychisch krank wirst, weil Mama oder Papa krank ist.

Beachten Sie

Beschönigen Sie nichts und machen Sie keine falschen Versprechungen (z.B. „In zwei Wochen bin ich wieder ganz gesund“). Ihr Kind hat ein Recht auf Wahrheit. Wenn Sie sich bei der Beantwortung der Fragen der Kinder nicht sicher sind, antworten Sie besser: „Ich bin nicht sicher (z.B. mit den Erbeinflüssen), ich werde meine Behandlerin bzw. meinen Behandler fragen.“

Ihr Kind kann mit Unsicherheit besser leben als mit falschen, wenn auch gut gemeinten Versprechungen. Je mehr Ihr Kind darauf vertrauen kann, die Wahrheit zu erfahren, desto weniger verletzbar ist es.

Merke

Sprechen Sie Ihr Kind direkt an, wenn Sie merken, dass es in Gedanken ist, sich also mit etwas beschäftigt, aber noch nicht darüber sprechen kann oder will. Durch Ihre Nachfrage, was es gerade beschäftigt oder vielleicht beunruhigt, signalisieren Sie Ihrem Kind Ihre Offenheit und Ihre Bereitschaft, auf seine Informationsbedürfnisse und Fragen einzugehen.

Je nach Alter haben Kinder andere Fragen bzw. unterschiedliche Informationsbedürfnisse. Im Folgenden wird auf die einzelnen Altersstufen genauer eingegangen.

3.5.2 Altersabhängige Fragen und Informationsbedürfnisse

Der Säugling und das Kleinkind

Hintergrundwissen

Manche Eltern denken, dass Säuglinge und Kleinkinder noch keine „Informationen" über die Erkrankung benötigen, weil sie die Inhalte noch nicht verstehen können. Aus der Forschung ist aber bekannt, dass es für die Entwicklung eines Kindes generell wichtig ist, dass von Geburt an mit ihm gesprochen wird, obwohl ein Säugling die Bedeutung der Worte noch nicht verstehen wird.

Säuglinge und Kleinkinder reagieren auf die emotionale Atmosphäre, in der sie sich befinden. Im Mittelpunkt steht das Bedürfnis nach einer möglichst sicheren und verlässlichen Umgebung, die das Gefühl eines „sicheren Hafens" vermittelt. Zur Entwicklung eines sicheren und verlässlichen Gefühlsbandes zwischen Eltern und Kind trägt die Information über die Erkrankung eines Elternteils bei. Für Kinder in diesem Alter haben Worte weniger Bedeutung als die Art und Weise, wie sie ausgesprochen werden und welche Gefühle mit den Worten transportiert werden. Die Kinder reagieren vor allem auf die gefühlsmäßige Atmosphäre, die auf sie einwirkt.

Ihr Kind benötigt daher keine großen Erklärungen, es würde diese auch nicht aufnehmen und verstehen können. Kurze Aussagen in einer Sprache, in der Sie sonst auch mit Ihrem Kind sprechen, führen zu einer Entspannung der Situation, z. B.:

- „Mama geht es heute nicht gut. Ich bin müde und traurig. Wenn es mir wieder besser geht, spiele ich wieder mit dir."
- „Tante (Oma) wird auf dich aufpassen. Aber abends werden ich oder Papa dich ins Bett bringen."

Sie können sicher sein, dass eine solche Botschaft bei Ihrem Kind gefühlsmäßig ankommt, obwohl es die Worte noch nicht versteht.

Studien zeigen, dass Kinder schon sehr früh, z. B. auf einen traurigen oder ängstlichen Ausdruck einer anderen Person reagieren und mitfühlen. Es können daher bereits in diesem Alter auch Schuldgefühle auftauchen, die Kinder natürlich noch nicht ausdrücken. Sie sollten Ihrem Kind deshalb sagen, dass es nichts mit der Krankheit zu tun hat (z. B. „Es ist nicht deine Schuld, dass es mir schlecht geht!"). Wiederum kommt es auf die gefühlsmäßige Atmosphäre an, in der die Worte ausgesprochen werden.

Das Kindergartenkind

Hintergrundwissen

Die Erkrankung eines Elternteils erschüttert zumeist die Sicherheit, die notwendig ist, um die Umgebung zu erkunden und auf die Welt zuzugehen. Kinder in dieser Altersstufe reagieren stark auf die häusliche Atmosphäre, haben aber auch schon ein gewisses Verständnis von der Bedrohung bzw. Belastung, die hinter der Krankheit steht. Das Verstehen stützt sich aber nicht auf klarem Wissen, sondern auf diffusen Empfindungen und Ahnungen. Die unklaren Vorstellungen ergänzen die Kinder mit eigenen Ideen und Fantasien, die oft weit von der Realität entfernt sind und sie ängstigen oder Schuldgefühle auslösen (z. B. „Der Mama geht es schlecht, weil ich frech war und ihr nicht gefolgt bin.").

Es ist notwendig, den Kindern dabei zu helfen, möglichst konkrete und realistische Vorstellungen zu entwickeln. Je früher mit dem Kind gesprochen wird, desto schneller kann sich eine Atmosphäre der Klarheit und Offenheit entwickeln. Ein günstiger Zeitpunkt für ein Gespräch ist eine Phase, in der das Kind aufmerksam zuhören kann und anschließend die Möglichkeit zum Spielen und Toben besteht, um sich ablenken zu können.

Achten Sie besonders darauf,
- Ihr Kind für sein Wissen und seine Ideen zu loben,
- die Erkrankung nicht zu dramatisieren, sondern auch Bereiche anzusprechen, die gut funktionieren oder sogar bereichernd wirken,
- einfache Begriffe und Beispiele zu wählen, die das Kind aus eigenem Erleben kennt und nachvollziehen kann,
- zu betonen, dass es sich um eine häufige Erkrankung handelt,
- hervorzuheben, dass es im Verlauf der Krankheit Schwankungen gibt,
- auf Behandlungsmöglichkeiten einzugehen.

Beispiel: Äußerungen einer Mutter, die unter einer Depression leidet

- „Mama hat die Traurigkrankheit. Dabei muss ich ganz oft weinen."
- „Dann bin ich so traurig, dass ich nicht mal vom Sofa aufstehen oder mich am Morgen anziehen mag."
- „Diese Krankheit haben viele Leute."
- „Mal gibt es Tage, da geht es mir gut, da kann ich fröhlich sein und ich stehe morgens gern auf. Dann kann es wieder Tage geben, an denen es mir nicht so gut geht. Genau wie bei einer Erkältung. Da gibt es auch Tage, da läuft die Nase, und Tage, an denen man gut Luft kriegt."
- „Ich gehe zu einem Doktor. Mit dem spreche ich. Der gibt Tipps und verschreibt mir Medikamente."

Kinder im Vorschulalter haben oftmals Schwierigkeiten, Fragen, die sie beschäftigen, auch offen zu stellen. Es ist deshalb hilfreich, wenn Sie auf Themen eingehen, die Ihr Kind nicht von sich aus ansprechen würde. Die unausgesprochenen Themen kreisen um Fragen wie:
- Bin ich schuld?
- Wer passt auf mich auf?
- Wer bringt mich ins Bett?

- Wer macht für mich das, was Mama oder Papa bislang getan haben (Wer kocht das Mittagessen? Wer bringt mich zum Musikunterricht oder zum Reiten? Wer besorgt das Geburtstagsgeschenk für die Kindergartenfreundin? etc.)

Beachten Sie

Die Aufmerksamkeit der Kinder in diesem Alter ist noch sehr begrenzt. Ein dreijähriges Kind kann etwa 15 Minuten und ein sechsjähriges Kind kann etwa 30 Minuten aufmerksam zuhören. Sie sollten sich deshalb in Ihren Erklärungen auf das Wichtigste beschränken. Akzeptieren Sie Abschweifungen und Themenwechsel des Kindes. Sie sind Ausdruck der Belastung und Anspannung, unter denen das Kind steht, und zeigen an, wann es vom Thema Krankheit genug hat. Durch ein Bilder- bzw. Kinderbuch oder altersgerechte Informationsbroschüren können Sie das Interesse und die Aufmerksamkeit Ihres Kindes stärken.

Hinweise zu Bilder- und Kinderbüchern sowie Informationsbroschüren, die Ihnen im Gespräch mit Ihrem Kind helfen können, finden Sie im Anhang auf Seite 173ff.

Das Schulkind

Hintergrundwissen

Spätestens mit dem Schulalter können Kinder sich in die Rolle anderer Menschen hineinversetzen, deren Bedürfnisse und Argumente verstehen und sich damit befassen. Neue Informationen können schnell aufgenommen, mit dem vorhandenen Wissen abgeglichen und dann mit neuen Inhalten ergänzt werden, wenn sich diese einigermaßen gut in ihre Gedanken einfügen lassen.

Kinder in dieser Altersstufe machen sich meist erhebliche Sorgen um die erkrankten Eltern. Sie beobachten Veränderungen im Verhalten der Eltern und spüren die Atmosphäre in der Familie. Sie sind in der Lage, Unterschiede zwischen der eigenen Familie und anderen Familien zu erkennen und Verhaltensweisen ihrer erkrankten Eltern als anders oder „ungewöhnlich" wahrzunehmen. Durch die noch sehr stark eingeschränkte Möglichkeit, sich selbstständig Informationen zu beschaffen, beziehen sie das Verhalten der Eltern jedoch meist auf ihre eigene Person oder ihr eigenes Verhalten und geben sich die Schuld an der Erkrankung der Eltern. Mit ihren Sorgen und Ängsten fühlen sie sich allein und überfordert.

Wenn es gelingt, in einer von Spannung, Ängsten und Sorgen geprägten Atmosphäre ins Gespräch zu kommen, tritt Erleichterung ein und die Situation beginnt, sich allmählich zu lösen.

Gespräche sollten in einer ruhigen Situation geführt werden, in der ausreichend Zeit zur Verfügung steht. Die Kinder sollten nach dem Gespräch die Möglichkeit haben, sich abzureagieren und abzulenken.

Durch die Erkrankung und die damit verbundenen Veränderungen geht den Kindern Sicherheit verloren. Es ist deshalb wichtig, sich darauf verlassen zu können, dass sie die Wahrheit erfahren. Dies bedeutet nicht, dass die Kinder mit allen Details und möglichen Konsequenzen konfrontiert werden müssen.

Auch für diese Altersgruppe liegen mittlerweile anschauliche und ansprechende Materialien vor, die das Gespräch gut ergänzen (vgl. die Literaturempfehlungen im Anhang auf Seite 173ff.).

Manchmal verbergen Kinder ihre Fragen und ihr Informationsbedürfnis hinter scheinbar sachlichen Fragen an ihre Eltern, wie zum Beispiel: *Woher kommt deine Krankheit eigentlich?*

Wenn Ihr Kind eine „Sachfrage“ stellt, möchte es oftmals keine Erklärungen und Fachbegriffe von Ihnen hören, vielmehr sucht es Antworten auf Fragen, die es bewegen, die es sich aber nicht offen zu stellen traut, wie z.B.:

- Bin ich schuld, dass Mama wieder in die Klinik muss?
- Habe ich etwas falsch gemacht?
- Habe ich der Mama zu wenig geholfen?
- Habe ich mich zu wenig um sie gekümmert?

Sie sollten bei solchen Sachfragen Ihres Kindes, wie z.B. „Woher kommt deine Krankheit eigentlich?“, nicht sofort nach Erklärungen suchen, sondern zunächst auf der Gefühlsebene antworten, indem Sie beispielsweise sagen: „Du machst dir Sorgen über mich" oder „Du machst dir Gedanken darüber, ob du etwas falsch gemacht hast".

Wenn hinter einer Sachfrage ein gefühlsmäßiges Anliegen steckt, werden Sie Ihr Kind durch eine solche Reaktion ermutigen, über seine Gefühle zu sprechen.

Folgende Fragen beschäftigen die Kinder auch häufig, werden aber meist nicht offen gestellt:

- Muss ich ins Heim?
- Was ist, wenn die Krankheit wiederkommt?
- Werden wir weniger Geld haben, wenn meine Mutter/mein Vater krank ist?
- Wer versorgt mich und meine Geschwister, wenn meine Mutter/mein Vater in der Klinik ist?

Kinder deuten solche Fragen oftmals nebenbei an, lassen sie in Nebensätze einfließen und wechseln dann wieder das Thema. Sollten Sie bei Ihrem Kind solche Andeutungen bemerken, gehen Sie nicht darüber hinweg, sondern sprechen Sie Ihr Kind auf die Sorgen und Gefühle an, die es möglicherweise bewegen.

Oftmals stellen sich Kinder dieser Altersstufe vor, an der Krankheit der Eltern schuld zu sein. Zum Beispiel,

- weil sie frech waren oder ihr Zimmer nicht aufgeräumt haben und die Mutter sich darüber so aufgeregt hat,
- weil sie mit den kleinen Geschwistern gestritten haben oder in der Schule eine schlechte Note erhalten haben, worüber die Mutter enttäuscht war,
- weil sie dem Vater alles Schlechte und Böse gewünscht haben, nachdem er ihnen verboten hat, im Garten Fußball zu spielen.

Solche Fantasien bedrücken die Kinder. Sie sprechen aber nicht über ihre Gedanken, weil sie sich dafür schämen und die Eltern nicht belasten wollen.

Beachten Sie

- Sprechen Sie Ihr Kind an, wenn es bedrückt wirkt.
- Ermutigen Sie es, Fragen zu stellen.

- Vermitteln Sie Ihrem Kind immer wieder, dass es mit Ihrer Krankheit nichts zu tun hat und dass weder sein Verhalten noch seine Gedanken die Krankheit ausgelöst haben.

Jugendliche

Hintergrundwissen

Jugendliche begreifen in aller Regel sehr genau, was mit dem erkrankten Elternteil los ist. Durch Internet und Fernsehen, durch Gespräche im Freundeskreis oder in der Schule haben sie oftmals eine gewisse Vorstellung über psychische Erkrankungen. Eventuell haben sie im Internet bereits heimlich recherchiert, weil ihnen Veränderungen im Verhalten des Elternteils aufgefallen sind. Unter Umständen ist ihr Wissen allerdings unvollständig und fehlerhaft oder sie haben die stigmatisierenden und diskriminierenden Vorstellungen über psychische Erkrankungen übernommen.

Eine Gefahr besteht darin, dass Jugendliche in der Krisensituation überschätzt werden. Durch ihr erwachsenes Auftreten wird leicht vergessen, dass sie immer noch auch Kinder sind. Jugendliche fühlen sich in der Regel ernst genommen, wenn Eltern auf sie zukommen, und nehmen fast immer das Gespräch mit Ernst und Offenheit an.

Bedenken Sie, dass sich Ihr jugendliches Kind trotz seines Wissens und seiner Vorstellungen über psychische Krankheiten mit einer Reihe von Fragen beschäftigt, die es gefühlsmäßig sehr bewegen. An erster Stelle stehen meist die Fragen nach der Vererbung:

- Ist die Krankheit erblich?
- Werde ich (werden mein Bruder oder meine Schwester) ebenfalls erkranken?

Jugendliche beobachten sich selbst sehr genau und vergleichen ihr Verhalten mit Verhaltensweisen ihrer erkrankten Mutter oder ihres erkrankten Vaters. Wenn sie dabei gewisse Ähnlichkeiten entdecken, z. B., dass auch sie manchmal zum Grübeln neigen oder sich nicht aufraffen können, etwas zu tun, reagieren sie oftmals mit großer Unsicherheit und Angst, später vielleicht auch krank zu werden, wie die Mutter oder der Vater.

Jugendliche bewegen darüber hinaus Fragen, die sich um die Zukunft der erkrankten Eltern, der Familie sowie um ihre eigene Zukunft drehen:

- Wie kann ich die Mutter oder den Vater unterstützen?
- Inwieweit muss ich Verantwortung übernehmen für Vater oder Mutter, für die Geschwister, für die ganze Familie?
- Was wird aus der Familie, wenn ich erwachsen bin? Wer kümmert sich dann?

Auch Schuldgefühle können Jugendliche bewegen:

- Bin ich schuld, dass es Mutter oder Vater wieder schlechter geht?
- Hätte ich am Wochenende besser zu Hause bleiben sollen, anstatt mit meinen Freund_innen ins Kino zu gehen?
- Habe ich Mutter oder Vater zu oft allein gelassen und sie oder ihn zu wenig unterstützt im Haushalt, bei der Gartenarbeit etc.?

Selbstvorwürfe und quälende Gedanken entstehen oftmals in einer durch Konflikte angespannten familiären Atmosphäre, wenn Jugendliche z.B. Aufgaben nicht erledigt und Absprachen „einfach" vergessen haben oder die Zusage, zu einer bestimmten Zeit abends nach Hause zu kommen, nicht eingehalten haben.

Beachten Sie

Auch Jugendliche bewegen Fragen, die sie aber häufig nicht offen stellen. Sie sollten daher auch Ihr jugendliches Kind zum Gespräch einladen und es ermutigen, Fragen zu stellen, die es beschäftigen.

Es gilt, einen Moment zu wählen, in dem kein Zeitdruck besteht und Sie und Ihr Kind sich in Ruhe auf ein Gespräch einlassen können. Deutlich sollte zum Ausdruck gebracht werden, dass man wegen etwas Ernsthaftem mit dem Jugendlichen sprechen möchte:

- „Ich möchte ich dir erklären, was mit mir los ist!"
- „Es ist mir wichtig, dass du Bescheid weißt und dir nicht unnötig Sorgen machst!"

Offen dem Kind gegenüber einzugestehen, dass es auch Ihnen als Eltern nicht leichtfällt, über die Erkrankung und deren Auswirkungen zu sprechen, kann den Einstieg in ein Gespräch erleichtern (z.B. „Es fällt mir nicht leicht darüber zu sprechen!“).

3.5.3 Schwierigkeiten, die beim Gespräch mit Ihrem Kind über die Krankheit auftreten können

Ihr Kind will überhaupt nicht über die Krankheit sprechen

Es kann sein, dass Ihr Kind merkt, irgendetwas stimmt nicht. Es hat vielleicht Gespräche zwischen den Eltern mitgehört, in denen über die Krankheit oder einen Klinikaufenthalt gesprochen wurde. Es hat deshalb Angst, etwas Schlimmes zu erfahren. In einer solchen Spannung verweigern Kinder oftmals Gespräche und reagieren z.B. aggressiv oder ziehen sich zurück. Sie sollten sich in einem solchen Fall fragen: Was weiß das Kind? Und was befürchtet es möglicherweise? Möglicherweise denkt Ihr Kind, es soll etwas von ihm ferngehalten werden. Sprechen Sie daher die Einladung zum Gespräch nochmals deutlich aus!

Kinder verweigern manchmal das Gespräch indirekt: Sie wollen z.B. unbedingt Hausaufgaben machen, müssen für eine Prüfung lernen, möchten die Lieblingssendung im Fernsehen anschauen oder wollen zu einer Verabredung mit dem Freund oder mit der Freundin gehen.

Die Gründe für solche Verweigerungsstrategien können vielfältig sein, z.B.:

- Kinder spüren, dass den Eltern das Gespräch unangenehm ist und nehmen ihnen durch die Gesprächsverweigerung quasi die „Schuld“ ab, dass es nicht dazu kommt,
- Kinder haben Angst etwas Schlimmes zu erfahren,
- Kinder fühlen sich schuldig an der Erkrankung des Elternteils. (z.B. „Wenn ich meiner Mutter wegen der schlechten Noten nicht so viele Sorgen gemacht hätte, wäre sie nicht krank geworden.“)

Jugendliche schwanken manchmal hin und her zwischen dem Wunsch alles und nichts zu erfahren. Sie wirken aufgeschlossen und dann wieder uninteressiert, lustlos und gleichgültig. Dazu kommt oftmals das Gefühl, dass Erwachsene und die Eltern sie am allerwenigsten verstehen.

Beachten Sie

Es hat wenig Sinn, mit dem Kind ein Gespräch über die Krankheit zu suchen, wenn es nicht darüber sprechen möchte. Bedrängen Sie Ihr Kind nicht, machen Sie Ihrem Kind aber dennoch ein Gesprächsangebot. Zeigen Sie sich gesprächsbereit (z. B. „Ich würde dir gern erklären, was mit mir los ist. Ich habe nämlich das Gefühl, dass du dir Sorgen machst. Frag mich, wenn du etwas wissen möchtest.“).

Achten Sie auch auf das Verhalten Ihres Kindes. Vielleicht beobachten Sie Veränderungen im Verhalten, die möglicherweise auf Belastungen schließen lassen. Sprechen Sie Ihr Kind an, z. B.:

- „Du bist so still!“
- „Du hast immer Ärger mit deinen Freund_innen!“
- „Könnte es sein, dass dich etwas beunruhigt (beschäftigt)?“

Solche Fragen stellen eine weitere Gesprächseinladung dar: Sie signalisieren dem Kind, dass es sich öffnen darf und Sie bereit sind, ihm zuzuhören.

Ihr Kind bricht das Gespräch ab

Kinder zeigen oft durch Themenwechsel an, dass sie über das Thema nicht mehr weitersprechen möchten. Sie möchten spielen gehen, sich mit Freund_innen treffen, in ihr Zimmer gehen und Musik hören oder sie erzählen plötzlich von der Schule.

Beachten Sie

Fühlen Sie sich nicht gekränkt oder zurückgewiesen. Je besser es Ihnen gelingt, das Verhalten des Kindes anzunehmen, umso leichter ist später ein neues Gespräch wieder möglich.

Ein Abbruch des Gesprächs durch das Kind kann verschiedene Gründe haben, z. B.:

- Es kann sein, dass die Aufmerksamkeitsspanne Ihres Kindes überschritten ist. Man vergisst dies leicht, wenn man dem Kind etwas Wichtiges erklären möchte.
- Es kann aber auch sein, dass Ihr Kind mehr Informationen gefühlsmäßig nicht verarbeiten kann. Dies zeigen Kinder an, wenn sie zunehmend unruhiger sind, sich anderen Dingen zuwenden und nicht mehr zuhören.
- Es kann aber auch sein, dass sich das Kind Sorgen macht oder z. B. ein Problem in der Schule hat, über das es aber nicht reden möchte, um Mutter oder Vater nicht zu belasten. Es sieht keinen anderen Ausweg als das Gespräch abzubrechen.

Beachten Sie

Sie sollten Ihr Kind darauf ansprechen: z. B. „Kann es sein, dass es dir schwerfällt, noch weiter darüber zu sprechen? Machst du dir Sorgen, wie es weitergehen wird? Hast du vielleicht Angst mir weh zu tun?"

Ihr Kind verweigert das weitere Gespräch

Es ist wichtig, die Gründe herauszufinden, warum Ihr Kind ein weiteres Gespräch über die Erkrankung verweigert:

- Ihrem Kind können die erhaltenen Informationen im Moment ausreichen: Ihr Kind hat verstanden, was los ist und möchte nicht mehr über die Krankheit sprechen, sondern in Ruhe gelassen werden. Akzeptieren Sie dieses „Nicht-mehr-wissen-wollen". Dieses Verhalten stellt einen Schutzmechanismus für das Kind dar. Signalisieren Sie aber zugleich Ihre Gesprächsbereitschaft (z. B. „Wenn du Fragen hast, wenn du etwas wissen möchtest, melde dich!").
- Möglicherweise drückt Ihr Kind durch seine Verweigerung auch Ihre Schwierigkeit mit aus, die Krankheit anzunehmen. Ihr Kind lebt durch seine Verweigerung quasi Ihren Wunsch und eventuell den Wunsch der ganzen Familie aus, einen Teil der Realität auszublenden. Wenn es Ihnen besser gelingt, sich nicht dafür zu verurteilen, dass Sie psychisch erkrankt sind, und die mit der Krankheit verbundenen Einschränkungen anzuerkennen, wird Ihr Kind sich mehr trauen, Fragen zu stellen.

- Eventuell vermeidet Ihr Kind Fragen aufgrund seiner eigenen Schuldgefühle. Es ist davon überzeugt, dass Mutter oder Vater durch sein Verhalten oder seine bösen Gedanken krank oder wieder krank geworden ist, deshalb möchte es durch Fragen nicht daran rühren (z.B. „Wenn ich meiner Mutter nicht so viele Sorgen gemachte hätte, wäre sie bestimmt nicht krank geworden.“).

Beachten Sie

Sie sollten Ihrem Kind daher immer wieder zu verstehen geben: „Du bist nicht schuld, dass ich krank (bzw. wieder krank) geworden bin. Es ist nie die „Schuld“ der Kinder, dass Eltern krank werden.“

Ihr Kind stellt viele Fragen

Es kann verschiedene Gründe haben, warum Ihr Kind viele Fragen stellt:

- Ihr Kind ist überhaupt sehr neugierig und möchte alles genau wissen. Es stellt auch in anderen Bereichen viele Fragen, sodass in diesem Verhalten eine Persönlichkeitseigenschaft zum Ausdruck kommt.
- Es kann aber auch sein, dass Ihr Kind Angst hat und die zahlreichen Fragen dienen eher zur Beruhigung. Sprechen Sie Ihr Kind auf seine Sorgen und Ängste direkt an (z.B. „Ich habe das Gefühl, du machst dir große Sorgen“).
- Ihr Kind hat Schwierigkeiten, Ihre Erklärungen und Worte zu verstehen und aufzunehmen und stellt deshalb viele Fragen. Um Ihrem Kind die Unsicherheit zu nehmen, sollten Sie es bitten, Ihre Erläuterungen und Antworten in eigenen Worten wiederzugeben (z.B. „Ich möchte ganz sicher sein, dass du alles richtig verstanden hast. Kannst du mir noch einmal in deinen Worten sagen, was ich dir erzählt habe?). Sie merken auf diese Weise sehr schnell, ob Ihr Kind Ihre Worte lediglich wiederholt oder die Inhalte in seinen Worten ausdrücken kann. Sie können dann eventuell gezielt noch etwas ergänzen oder etwas noch ausführlicher erklären.
- Viele Fragen können aber auch ein Zeichen dafür sein, dass Ihr Kind unsicher ist, ob es die Wahrheit erfahren hat. Wenn Sie z.B. zur Beruhigung Ihres Kindes sagen: „Ich bin sicher, dass alles wieder so wie früher wird“, hört Ihr Kind Ihre Worte, die Sicherheit ausdrücken,

spürt aber zugleich Unsicherheit in Ihren Gefühlsäußerungen. Vermuten die Kinder Diskrepanzen oder Unstimmigkeiten zwischen den Worten und den Gefühlen ihrer Eltern, versuchen sie durch Fragen gewissermaßen zu überprüfen, ob die Eltern auch bei ihren Aussagen bleiben. Wenn sich aber in Ihren Aussagen Ihre Gefühle widerspiegeln, z. B. indem sie sagen: „Ich hoffe, dass ich wieder gesund werde", kann sich Ihr Kind sicherer sein, dass es die Wahrheit erfahren hat. Kinder können mit Unsicherheiten besser umgehen als mit dem Gefühl, nicht die Wahrheit erfahren zu haben!

Merke

Wissen über die Erkrankung der Eltern und ein Verstehen der Auswirkungen auf die Familie und auf ihr alltägliches Leben:

- entlasten die Kinder,
- ermöglichen den Kindern Erklärungen und Einordnungen von Verhaltensweisen der erkrankten Eltern,
- reduzieren unklare Vorstellungen über die Krankheit, die bei den Kindern Ängste, Verunsicherung und Hilflosigkeit auslösen,
- reduzieren die Schuldgefühle der Kinder, für die elterliche Erkrankung verantwortlich zu sein,
- fördern Ehrlichkeit und Offenheit und stabilisieren auf diese Weise nachhaltig die Eltern-Kind-Beziehung.

Mit den Kindern über die Erkrankung reden und sie ermutigen, Fragen zu stellen, stärkt die Kinder und fördert ihre Entwicklung.

3.6 Suchen Sie professionelle Hilfe auf, wenn Sie sich Sorgen um die Entwicklung Ihres Kindes machen

Viele psychisch erkrankte Eltern machen sich Sorgen um ihre Kinder und haben Schuldgefühle. Vor allem in akuten Krankheitsphasen fühlen sich viele Eltern oftmals überfordert und machen sich Vorwürfe. Es entsteht das Gefühl, eine schlechte Mutter bzw. ein schlechter Vater zu sein. Insbesondere bei Müttern ist dieses Gefühl oftmals stark ausgeprägt, wenn sie zur Behandlung eine Klinik aufsuchen. Da sie in dieser Zeit ihre Aufgaben als Erziehungsperson nicht erfüllen können, betrachten sie sich häufig als verantwortlich für die Belastungen und Probleme ihrer Kinder.

Viele erkrankte Eltern erleben sich in ihrer Erziehungskompetenz generell oder zeitweise eingeschränkt. Sie nehmen wahr, dass sie ihren Kindern in Krankheitsphasen nicht die notwendige Aufmerksamkeit und emotionale Zuwendung geben können oder Schwierigkeiten haben, sich durchzusetzen, Grenzen zu setzen und die Kinder ausreichend zu fördern. Vor allem wenn die Kinder noch klein sind, befürchten viele erkrankte Eltern negative Auswirkungen auf die Entwicklung ihrer Kinder.

Wenn Sie sich Sorgen um die Entwicklung Ihres Kindes machen, Probleme und Schwierigkeiten in der Erziehung haben oder Unsicherheiten im Umgang mit Ihrem Kind erleben, suchen Sie rechtzeitig professionelle Hilfe für Ihr Kind und die Familie auf.

Beachten Sie

Am besten sprechen Sie über Ihre Sorgen um Ihr Kind und um die Familie mit Ihrer Ärztin bzw. Ihrem Arzt oder Ihrer Therapeutin bzw. Ihrem Therapeuten.

Das Gespräch entlastet Sie und zugleich können dadurch frühzeitig Lösungswege und Hilfsmöglichkeiten gefunden werden. Es wird Sie beruhigen,

- wenn besprochen wird, wer Ihr Kind während Ihres Klinikaufenthaltes versorgt, es zum Kindergarten bringt, bei den Hausaufgaben unterstützt, und
- wenn Sie informiert werden, wo psychologische Hilfe für Ihr Kind und die Familie angeboten wird – z.B. spezielle Gruppenangebote für Kinder und Familiengespräche – und wie sie diese Hilfen erhalten.

Wenn Ihr Kind versorgt ist und Hilfe erhält, können Sie sich besser auf die Behandlung einlassen und sich mit Ihren eigenen Problemen auseinandersetzen.

Professionelle Hilfen für Ihr Kind und die Familie wirken sich positiv auf den Verlauf Ihrer Erkrankung und auf Ihre Gesundung aus. Wenn es

Ihnen wieder besser geht, können Sie sich wieder stärker der Versorgung und Betreuung Ihres Kindes widmen.

3.6.1 Wo finden Sie Hilfe für Ihr Kind?

Aus Studien ist bekannt, dass psychisch erkrankte Eltern die Probleme und Belastungen ihrer Kinder wahrnehmen und Hilfe für ihre Kinder wünschen (Lenz, 2014). Aus Sorge über die Entwicklung ihrer Kinder wünschen sie sich Hilfen, die von allgemeiner Unterstützung in der Erziehung und Betreuung bis hin zur konkreten Unterstützung in Freizeitaktivitäten, Kontaktmöglichkeiten mit Gleichaltrigen, Hilfen bei Schularbeiten, Hilfen im Haushalt und Hilfe durch Psychotherapie reichen (vgl. Tabelle 5).

Tabelle 5: Bereiche, in denen sich Eltern Unterstützung wünschen

Hilfestellungen im Alltag	• Entlastung im Haushalt • Freizeitaktivitäten für die Kinder • Hilfen bei Schularbeiten bzw. Tagesbetreuung in der Schule • Tagesmutter
Therapeutische Hilfen	• Einbeziehung der Kinder in die Behandlung (Familiengespräche, Einzelgespräche mit dem Kind) • Therapie für das Kind • Gemeinsame stationäre Aufnahme in die Klinik (Mutter-Kind-Behandlung)

Obwohl diese Wünsche nach Hilfen für ihre Kinder und ihre Familien konkret benannt werden können, zeigen Befragungen immer wieder, dass ein großer Teil der erkrankten Eltern solche Hilfen noch nie in Anspruch genommen hat.

Viele Eltern wissen nicht, wo sie überhaupt Hilfe für ihre Kinder und die Familie erhalten können und welche Institutionen als Anlaufstellen zuständig sind. Zudem fehlen häufig die entsprechenden Informationen darüber, dass sie nach dem Kinder- und Jugendhilfegesetz (KJHG/SGB VIII) einen rechtlichen Anspruch auf Hilfe und Unterstützung haben, wenn sie sich aufgrund ihrer Krankheit (oder aus anderen Gründen) nicht oder nicht mehr ausreichend in der Lage sehen, eine angemessene Versorgung und Erziehung ihrer Kinder zu garantieren.

In dem entsprechenden Paragrafen heißt es: „Ein Personensorgeberechtigter hat bei der Erziehung eines Kindes oder eines Jugendlichen Anspruch auf Hilfe (Hilfe zur Erziehung), wenn eine dem Wohl des Kindes oder des Jugendlichen entsprechende Erziehung nicht gewährleistet ist und die Hilfe für seine Entwicklung geeignet und notwendig ist" (§ 27 Abs. 1 KJHG/SGB VIII). Hierbei handelt es sich um Rechtsansprüche der betroffenen Eltern gegenüber dem Jugendamt und nicht etwa um das Recht des Jugendamtes, sich in die familiären Angelegenheiten der Familie einzumischen. Das Kinder- und Jugendhilfegesetz als Sozialleistungsgesetz verpflichtet das Jugendamt, Eltern zu unterstützen, damit diese eine dem Wohl des Kindes entsprechende Erziehung gewährleisten können.

In dem Kinder- und Jugendhilfegesetz werden verschiedene Formen der Hilfe aufgeführt, auf die Sie als Eltern einen Rechtsanspruch haben. Voraussetzung für die Gewährung von Hilfen ist aber eine Prüfung durch das Jugendamt. Das heißt, wenn Sie sich aus Sorge um Ihr Kind an das Jugendamt wenden, werden sich Mitarbeiter_innen des Jugendamts ein eigenes Bild von der Situation machen. Sie werden mit Ihnen und Ihrem Kind sprechen und mit Ihrem Einverständnis eventuell auch mit Erzieher_innen oder Lehrkräften. Gemeinsam mit Ihnen und möglicherweise mit den anderen Fachleuten wird dann überlegt, welche Hilfen für Ihr Kind sinnvoll sind.

Das Jugendamt stellt eine wichtige Anlaufstelle dar, wenn Sie Hilfe für Ihr Kind suchen. Das Jugendamt ermöglicht den Weg zu diesen Hilfen und übernimmt die Kosten dafür. Angeboten werden viele dieser Hilfen von Wohlfahrtverbänden wie der Caritas, der Diakonie oder der Arbeiterwohlfahrt.

Wichtige Hilfen für Kinder psychisch erkrankter Eltern sind:
- *Sozialpädagogische Familienhilfe.* Bei dieser Hilfeform wird die Familie für eine festgelegte Stundenanzahl in der Woche von einer pädagogischen Fachkraft unterstützt. Sie spricht mit den Familienmitgliedern über Probleme und Konflikte und hilft den Kindern, mit den Belastungen besser fertig zu werden. Sie kann z. B. die Eltern darin unterstützen, mit dem Kind über die psychische Erkrankung zu sprechen,

und den Kindern bei der Lösung von Problemen helfen. Da die pädagogische Fachkraft die Familie meist über einen längeren Zeitraum und mehrere Stunden in der Woche begleitet, kann sie in einer schwierigen und belastenden Phase zu einer wichtigen Bezugsperson für alle Familienmitglieder werden.

- *Erziehungsbeistandschaft.* Während die Sozialpädagogische Familienhilfe in Familien mit kleinen Kindern bzw. Grundschulkindern eingesetzt wird, bieten sich oftmals für jugendliche Kinder Hilfen in Form einer Erziehungsbeistandschaft an. Jugendliche sind stärker nach außen orientiert. Loslösung von den Eltern und emotionale Unabhängigkeit sowie Aufbau engerer Beziehungen zu Gleichaltrigen sind wichtige Schritte in der Entwicklung. Eine pädagogische Fachkraft, die die Aufgabe eines Erziehungsbeistandes übernimmt, kann diese wichtigen Entwicklungsschritte unterstützen und begleiten. Psychisch erkrankten Eltern verschafft ein Erziehungsbeistand oftmals Entlastung. Schuldgefühle und Sorgen in Bezug auf die Entwicklung ihrer heranwachsenden Kinder werden geringer.
- *Erziehungsberatungsstellen.* Erziehungsberatungsstellen sind Einrichtungen, die direkt und ohne vorherige Antragsstellung beim Jugendamt aufgesucht werden können. Die Zugangsschwelle ist dadurch sehr viel niedriger. Es zeigt sich, dass Eltern meist viel eher bereit sind, bei einer solchen Beratungsstelle Hilfe in Anspruch zu nehmen. Erziehungsberatung ist ebenfalls ein Angebot innerhalb der „Hilfen zur Erziehung“, die im Kinder- und Jugendhilfegesetz als staatliche Pflichtleistung aufgeführt werden und daher auch kostenfrei ist. Diese Einrichtungen bieten Hilfen bei Entwicklungsproblemen und Schulproblemen der Kinder oder auch bei allgemeinen Erziehungsfragen an. Es werden Familien- und Elternberatung sowie Einzel- und Gruppenbetreuung für Kinder von Psycholog_innen, Sozialpädagog_innen und Therapeut_innen durchgeführt. Eine Reihe von Erziehungsberatungsstellen hat spezielle Gruppenangebote für Kinder psychisch kranker Eltern eingerichtet und arbeitet mit Kliniken, Sozialpsychiatrischen Diensten sowie niedergelassenen Psychiater_innen und Psychotherapeut_innen zusammen. Erziehungsberatungsstellen können auch eine Brücke zum Jugendamt herstellen und unterstützen Sie auch dabei, umfassende Hilfen – wie sozialpädagogische Familienhilfe oder Erziehungsbeistand – für Ihr Kind zu erhalten.
- *Psychotherapie.* Für therapeutische Hilfen sind Kinder- und Jugendpsychiater_innen sowie Kinder- und Jugendlichenpsychotherapeut_innen zuständig. Sprechen Sie am besten die Kinderärztin bzw. den Kinder-

arzt, Ihre Therapeutin bzw. Ihren Therapeuten oder Mitarbeiter_innen der Erziehungsberatungsstelle an, wenn Sie vermuten, dass Ihr Kind sehr stark belastet ist und eventuell therapeutische Hilfe benötigt. Psychotherapie für Ihr Kind wird über die Krankenkasse finanziert. Der Zugang ist nicht so einfach wie bei der Erziehungsberatungsstelle, da bislang ein aufwändigeres Antragsverfahren erforderlich ist. Hinzu kommen meist längere Wartezeiten, bis mit einer Behandlung begonnen werden kann.

3.6.2 Mutter-Kind-Behandlung – eine Hilfe für junge erkrankte Mütter

Verschiedene psychiatrische Kliniken haben mittlerweile Möglichkeiten geschaffen, psychisch erkrankte Mütter gemeinsam mit ihren Säuglingen oder Kleinkindern aufzunehmen. Die Mutter-Kind-Behandlung richtet sich an Mütter, die nach der Geburt psychische Probleme entwickeln und therapeutische Hilfe benötigen (Lenz & Wiegand-Grefe, 2017).

Durch die gemeinsame Aufnahme von Mutter und Kind soll eine Trennung vom Kind vermieden werden. Viele vor und nach der Geburt erkrankte Mütter verbergen aus Angst vor Beziehungsabbruch und Verlust des Kindes ihre wahren gesundheitlichen Probleme. Sie sind verzweifelt, fühlen sich als Versagerin und geben sich selbst die Schuld, weil sie ihren Aufgaben in der Versorgung des Kindes nicht ausreichend nachkommen und sich nicht, wie sie selbst und auch das soziale Umfeld erwarten, über ihr Kind freuen können. Der Druck aus dem sozialen Umfeld und die eigenen Erwartungen an sich selbst verhindern oftmals über eine lange Zeit ein Sprechen über die Probleme und ein Aufsuchen angemessener therapeutischer Hilfen.

Die Möglichkeit einer gemeinsamen stationären Behandlung von Mutter und Kind senkt nicht nur die Schwelle zur Aufnahme einer psychotherapeutischen Behandlung, sondern fördert auch die Bereitschaft der Mütter, sich auf eine längere stationäre Behandlung einzulassen.

Eine Mutter-Kind-Behandlung beschränkt sich nicht nur auf den Erhalt der Beziehung, sondern zielt darüber hinaus auf die Förderung und Stärkung der Bindungsbeziehung zwischen Mutter und Kind ab. Durch eine gemeinsame Aufnahme von Mutter und Kind in die Klinik entsteht ein geschützter und vertrauensvoller Rahmen, in dem die Interaktion zwischen Mutter und Kind gezielt gefördert wird (vgl. die Ausführungen im Kapitel 3.1).

Begleitet wird die Behandlung durch Gesprächsgruppen mit anderen Müttern, die Möglichkeiten zum Erfahrungsaustausch zwischen den Müttern schaffen. Mütter erhalten so gegenseitige Anregungen für den Umgang mit den Kindern. Spielgruppen unterstützen Mütter im gemeinsamen Spiel mit den Kindern, indem sie entwicklungsbezogene Spiel- und Bewegungsanregungen für die Kinder vermitteln.

In der Mutter-Kind-Behandlung ist ausschließlich die erkrankte Mutter die Patientin. Die therapeutischen Bemühungen richten sich zumindest nicht direkt an die Kinder, auch wenn die Interventionen Auswirkungen auf sie als Teil des Beziehungssystems haben, und zwar im Sinne einer Unterstützung der Beziehung zwischen Mutter und Kind und der Stabilisierung der kindlichen Entwicklung und damit einer Vorbeugung psychischer Auffälligkeiten. Die Kinder haben in erster Linie den Status eines Gastes oder einer Begleitperson, und zwar sowohl in rechtlicher und finanztechnischer als auch in therapeutischer Hinsicht. Außerdem haben die Mutter bzw. die Eltern weiterhin das Sorgerecht des Kindes während des Klinikaufenthalts.

Ein detaillierter Überblick über Umfang und Ausgestaltung des Mutter-Kind-Behandlungsangebots in den psychiatrischen Kliniken in Deutschland findet sich auf der Homepage der Selbsthilfe-Organisation „Schatten und Licht“ (www.schatten-und-licht.de) sowie auf der Homepage der Marcé-Gesellschaft für perinatale psychische Erkrankungen (www.marce-gesellschaft.de).

4 Spezielle Hinweise für Erzieher_innen und Lehrkräfte

4.1 Achten Sie auf Veränderungen im Verhalten der Kinder

Als Erzieherin bzw. Erzieher oder Lehrkraft nehmen Sie eine wichtige Rolle im Leben eines Kindes ein. Sie fördern die Kinder in ihrer sozialen, emotionalen und kognitiven Entwicklung, unterstützen ihre Persönlichkeitsentwicklung und stärken durch Verständnis, Anerkennung und Wertschätzung ihr Selbstbewusstsein und ihre Selbstwirksamkeitsüberzeugungen. Sie sind darin geschult, die Kinder in ihren Lernprozessen zu begleiten und anzuleiten, ihre Fähigkeiten und Talente zu fördern. Zugleich sind Sie Ansprechperson bei Sorgen und Ängsten, manchmal Berater_in bei Konflikten und in krisenhaften Situationen. Sie bieten als Erzieher_innen oder Lehrkräfte Halt und Struktur, indem Sie Verständnis signalisieren und ein positives, akzeptierendes und zugleich Grenzen setzendes Beziehungsklima schaffen. Sie werden von den Kindern als ein wichtiges Modell und Vorbild erlebt. Sie sind Expert_innen für Kinder und ihre Entwicklung.

Durch die Begleitung meist über mehrere Jahre hinweg und den nahezu täglichen Umgang lernen Sie die Kinder im Kindergarten und in der Schule kennen. Sie können sowohl ihre Stärken und Fähigkeiten als auch ihre Schwächen und Probleme gut einschätzen. Dies ermöglicht es Ihnen, Veränderungen im Verhalten der Kinder – z. B. in der Kindergarten-Gruppe oder in der Schulklasse – genau wahrzunehmen.

Merke

Kinder psychisch erkrankter Eltern drücken Belastungen und Probleme in der Regel über ihr Verhalten und Gefühlsreaktionen aus. Veränderungen gegenüber ihren gewohnten und Ihnen vertrauten Verhaltensweisen und Gefühlsäußerungen deuten auf Überforderung und Stress hin. Beachten Sie besonders Veränderungen im Verhalten der Kinder, die über einen längeren Zeitraum andauern, aber auch Veränderungen im Verhalten der Kinder, die sehr plötzlich, gewissermaßen von einem Tag auf den nächsten auftreten.

4.1.1 Wie können sich Veränderungen im Verhalten und in den Gefühlsäußerungen bei den Kindern zeigen?

Veränderungen können sich in sehr vielfältiger Art zeigen und sind so individuell wie jedes einzelne Kind. Tabelle 6 zeigt Beispiele für häufig auftretende Veränderungen im Verhalten bei den Kindern, im Kontakt zu Gleichaltrigen und Veränderungen in der Versorgung und Pflege des Kindes, die auf Probleme und Belastungen in der Familie im Zusammenhang mit einer psychischen Erkrankung eines Elternteils hinweisen können:

Tabelle 6: Beispiele für Veränderungen im Verhalten und Veränderungen in der Versorgung und Pflege, die Hinweise für Probleme und Belastungen in der Familie sein können

Im Verhalten des Kindes	• Das Kind wirkt traurig, innerlich angespannt, nervös und beteiligt sich nicht bzw. deutlich weniger an gemeinsamen Aktivitäten in der Gruppe oder in der Klasse. • Es wirkt unkonzentriert, müde und kann den Abläufen und dem Unterrichtsgeschehen nur schwer folgen. • Das Kind zeigt aggressive Verhaltensweisen gegenüber anderen oder auch gegenüber den Erzieher_innen oder Lehrkräften, indem es verbal aggressiv reagiert oder auch körperliche Aggressionen zeigt. Die körperlichen Aggressionen können sich auch gegen sich selbst richten und es kommt zu selbstverletzenden Verhaltensweisen.
Im Kontakt des Kindes zu Gleichaltrigen	• Das Kind zieht sich aus dem Kontakt zu bisherigen Freundschaften zurück, es steht abseits der Gruppe oder beschäftigt sich in den Pausen oder im Gruppenraum allein. • Es weist anhaltend Freund_innen zurück und verhält sich ablehnend ihnen gegenüber oder es provoziert und ärgert andere und sucht Streit- und Angriffspunkte. • Es berichtet nicht mehr von gemeinsamen Unternehmungen mit Freund_innen. Es lädt z.B. nicht mehr zur Geburtstagsfeier ein oder wird

Tabelle 6: Fortsetzung

	auch selbst nicht mehr zu solchen Gelegenheiten oder anderen gemeinsamen Aktivitäten von Mitschüler_innen eingeladen.
In der Versorgung und Pflege des Kindes	• Das Kind fehlt im Kindergarten oder in der Schule häufiger oder es wird nicht zu den üblichen Zeiten gebracht. Es erscheint also verspätet oder auch sehr verfrüht in der Kindertagesstätte bzw. in der Schule. Das Kind wird häufiger ohne plausible Erklärung von den Eltern verspätet von der Kindertagesstätte abgeholt. • Das Kind ist längere Zeit weniger ordentlich oder der Jahreszeit nicht entsprechend gekleidet. Es kommt ohne Pausenbrot und Getränk in den Kindergarten oder zur Schule. Es werden also Probleme in der grundlegenden Versorgung des Kindes sichtbar.

Beachten Sie

Selbstverständlich verbirgt sich nicht hinter jeder Veränderung im Verhalten eines Kindes eine psychische Erkrankung der Eltern. Andere Probleme und Konflikte in der Familie oder im engeren sozialen Umfeld des Kindes können genauso Auslöser dafür sein. So können auch Streitigkeiten der Eltern untereinander oder mit engeren Verwandten, die Trennung der Eltern, familiäre Belastungen und Spannungen aufgrund finanzieller Probleme oder Gewalterfahrungen zu plötzlichen bzw. langfristigen Veränderungen im Verhalten des Kindes führen.

Ganz abgesehen davon können insbesondere bei jüngeren Kindern auch Auseinandersetzungen mit Gleichaltrigen, z.B. um ein Spielzeug oder auch die Erfahrung, nicht mitspielen zu dürfen bzw. von Aktivitäten ausgeschlossen zu werden, Rückzug oder aggressive Verhaltensäußerungen zur Folge haben. Kinder reagieren oftmals auf „alltägliche Probleme“ sehr viel heftiger als Erwachsene.

4.1.2 Wie können sich psychisch erkrankte Eltern im Kindergarten oder in der Schule verhalten?

Psychisch erkrankte Eltern verheimlich im Kindergarten oder in der Schule oftmals ihre Erkrankung aus Angst vor Stigmatisierung und Diskriminierung. Psychische Krankheit steht in der Öffentlichkeit immer noch für Unberechenbarkeit, Unfähigkeit und einen schwachen Charakter. Manche Eltern haben schon in ihrem engeren oder weiteren sozialen Umfeld – mehr oder weniger versteckt – abwertende Kommentare und Bemerkungen gehört. Sie fühlen sich durch solche Erfahrungen verletzt, erniedrigt und ausgegrenzt und vermeiden es daher, über ihre Erkrankung zu sprechen. Aus Angst, bei Erziehungsproblemen das Sorgerecht verlieren zu können, vermeiden es viele psychisch erkrankte Eltern, Sie um Rat bei Problemen im Umgang mit ihrem Kind zu fragen.

Die in Tabelle 7 dargestellten Beispiele sollen Sie auf mögliche Verhaltensweisen psychisch erkrankter Eltern dem Kind gegenüber und im Kontakt zu Ihnen aufmerksam machen, die insbesondere bei einer Verschlechterung des Gesundheitszustandes oder in einer akuten Krankheitsphase sichtbar werden können.

Tabelle 7: Mögliche Verhaltensweisen psychisch erkrankter Eltern in Phasen hoher Belastung

Verhalten der Eltern gegenüber ihrem Kind	• Die Eltern sind dem Kind gegenüber über einen längeren Zeitraum plötzlich sehr distanziert: Sie sprechen wenig mit dem Kind, verabschieden sich bzw. begrüßen das Kind kaum oder wenig herzlich, schauen das Kind kaum an. • Sie zeigen wenig Interesse an dem, was das Kind berichtet oder dem Elternteil zeigen möchte. Gemalte Bilder werden beispielsweise kaum beachtet oder gewürdigt. • Die Eltern verhalten sich dem Kind gegenüber ungeduldig, gereizt, ja sogar aggressiv. • Sie kritisieren lautstark das Kind und sprechen abwertend und abschätzend über seine Leistung. • Sie wirken überbehütend und ängstlich. Sie machen sich ständig Sorgen darüber, was alles passieren könnte.

Tabelle 7: Fortsetzung

Kontakt zu den Erzieherinnen bzw. Erziehern und Lehrkräften	• Die Eltern gehen Ihnen lange Zeit aus dem Weg, um nicht mit Ihnen ins Gespräch zu kommen. Daher vermeiden sie lange Aufenthalte im Kindergarten oder in der Schule und wirken hektisch. • Im Gespräch zeigen sich die Eltern verunsichert, sprechen von sich aus kaum und können den Blickkontakt nur schwer aufrechterhalten. • In ihren Gefühlsäußerungen oder Erzählungen wirken die Eltern bedrückt, gefühlsmäßig distanziert oder auch wenig strukturiert, verwirrt und unkonzentriert. • Die Eltern gehen auf Ihre Fragen kaum ein. Sie werden von den Eltern unterbrochen oder kommen kaum zu Wort. • Die Eltern erzählen nur von sich und Sie schaffen es kaum, das Gespräch zu beenden. • Die Eltern schildern das Kind als schwierig und auffällig, was aus Ihrer Sicht nicht der Fall ist. • Die Eltern fühlen sich durch Ihre Hinweise und Beobachtungen sofort angegriffen und reagieren aggressiv und abwertend.

Beachten Sie

Auch hier gilt, dass sich hinter solchen Verhaltensweisen dem Kind gegenüber oder im Kontakt zu Ihnen nicht immer eine psychische Erkrankung der Eltern verbergen muss. Solche Verhaltensweisen können auch in anderen Belastungssituationen beobachtet werden, z.B. bei Müttern und Vätern mit einem frühgeborenen Kind oder einem entwicklungsverzögerten bzw. intellektuell beeinträchtigten Kind. Solche Verhaltensweisen der Eltern können auch in akuten familiären Belastungssituationen, wie Trennungen oder Scheidungen, auftreten.

4.1.3 Was können Sie tun, wenn Sie Veränderungen im Verhalten des Kindes wahrgenommen haben? Wie können Sie auf Verhaltensweisen der Eltern reagieren?

Merke

Generelle Regel:

- Sprechen Sie die Eltern auf die wahrgenommenen Veränderungen im Verhalten des Kindes, im Kontakt zu anderen Kindern oder zu Ihnen an.
- Sprechen Sie Eltern an, wenn Sie Veränderungen in ihrem Verhalten gegenüber ihrem Kind oder im Kontakt zu Ihnen beobachten.

Indem Sie Eltern ansprechen und ihnen Ihre Wahrnehmungen und Eindrücke mitteilen, vermitteln Sie Einfühlung, Interesse und zugleich Gesprächsbereitschaft. Den Eltern wird signalisiert, dass über die Belastungen, Probleme und Sorgen gesprochen werden kann.

Wichtig ist, dabei zu beachten, den Eltern nicht vorwurfsvoll zu begegnen und zu akzeptieren, wenn sie aufgrund ihrer Ängste oder Schamgefühle vorsichtig reagieren und auf das Gesprächsangebot nicht eingehen oder zunächst sogar abweisend reagieren.

Um mit den Eltern produktiv ins Gespräch zu kommen, sollten Sie auf einige sehr hilfreiche „Gesprächsregeln“ achten (Lenz, 2021).

Verwenden Sie „Ich“-Sätze

Im Gespräch sollte den Eltern deutlich werden, dass es sich um Ihre persönlichen Beobachtungen, Gedanken und Eindrücke handelt. Entscheidendes Kennzeichen dafür, dass von der eigenen Wahrnehmung und den eigenen Gefühlen gesprochen wird, ist der Gebrauch des Wortes „Ich“. Durch den „Ich“-Gebrauch wird deutlich, dass die bzw. der Sprechende die Zuhörerin bzw. den Zuhörer einlädt, an seinen Gedanken teilzuhaben. Ziel ist es, dass Ihre Gesprächspartnerin bzw. Ihr Gesprächspartner von Ihren persönlichen Eindrücken und Gefühlen erfährt. Sprechen Sie im Gespräch mit den Eltern von Ihren eigenen Beobachtungen, von dem, was Ihnen aufgefallen ist und was Ihnen Sorge bereitet (z.B. „Mir ist aufgefallen, dass Sie in letzter Zeit sehr müde und abgeschlagen wirken“).

Durch die Schilderung Ihrer Eindrücke und Wahrnehmungen geben Sie der oder dem Zuhörenden einen Einblick in Ihre Sichtweise, ohne dabei in Vorwürfe oder Mutmaßungen zu geraten. Sie signalisieren ihm, dass Sie Interesse haben an seinem Wohlergehen und am Wohlergehen der Kinder und dass Sie sich Sorgen machen. Dies lädt die Eltern ein, in das Gespräch mit Ihnen einzusteigen, denn Sie geben ihnen die Möglichkeit, auf Ihre Wahrnehmungen und Einschätzungen zu reagieren und ihre eigene Sicht zu schildern.

Merke

Durch den „Ich“-Gebrauch wird deutlich, dass die bzw. der Sprechende von ihren bzw. seinen eigenen Wahrnehmungen berichtet. Die Zuhörer_innen erhalten dadurch die Möglichkeit, in das Gespräch einzusteigen, indem sie eingeladen werden, ihre Sichtweisen zu erläutern, ohne das Gefühl zu haben, sich gegen Vorwürfe wehren und sich verteidigen zu müssen.

Sprechen Sie von konkreten Situationen

Schildern Sie im Gespräch mit den Eltern die Situation, in der Ihnen das veränderte Verhalten aufgefallen ist, möglichst konkret. Vermeiden Sie Verallgemeinerungen wie „immer“ oder „nie“, denn diese rufen beim Zuhörer negative Gefühle und Widerspruch hervor. Die Eltern könnten sich dadurch in eine Verteidigungs- und Abwehrhaltung gedrängt fühlen und das Gespräch blockieren. Den Elternteilen fällt es leichter, sich mit Ihren Wahrnehmungen auseinanderzusetzen, wenn Sie ihnen die Situation, in der Sie die Beobachtung gemacht haben, möglichst konkret nennen können.

Beschreiben Sie ein konkretes Verhalten

Neben der konkreten Situation sollte auch das beobachtete Verhalten möglichst konkret beschrieben werden. Indem Sie schildern, was genau

Sie in der Situation beobachtet haben, machen Sie deutlich, dass Sie in dem Verhalten keine Persönlichkeitseigenschaft sehen, sondern eine Veränderung des elterlichen bzw. kindlichen Verhaltens. Daher sollten auch hier verallgemeinernde Zuschreibungen wie „typisch" oder „immer" vermieden werden, da ansonsten die Gefahr besteht, dass mehr oder weniger negative Eigenschaften unterstellt werden. Dies wiederum würde zu Widerspruch und Rückzug führen und ein konstruktives Gespräch erschweren. Entgegen fest zugeschriebener Eigenschaften ermöglichen konkrete Beschreibungen eher die Entwicklung von Alternativen und stellen damit einen ersten Schritt zur Problemlösung dar.

Merke

Die Beschreibung von konkretem Verhalten in konkreten Situationen verhindert das Zuschreiben von negativen Eigenschaften und macht deutlich, dass es Veränderungsmöglichkeiten gibt. Dadurch fällt es den Eltern leichter, in ein Gespräch mit Ihnen einzusteigen.

Bleiben Sie beim Thema

Es geht darum, die Gegenwart und die Zukunft positiv zu verändern und gemeinsam mit den Eltern nach Wegen und Lösungen zu suchen. Bleiben Sie daher im „Hier und Jetzt" und vermeiden Sie es, auf vergangene Ereignisse oder frühere Beobachtungen zurückzugreifen. Lange zurückliegende Ereignisse können kaum noch konkret beschrieben werden, zudem besteht bei Rückgriffen auf die Vergangenheit die große Gefahr, vom eigentlichen Thema abzukommen.

Zusammenfassung der Gesprächsregeln

- Sprechen Sie von Ihren Beobachtungen, Ihren eigenen Gedanken, Ihren Eindrücken und Gefühlen. Kennzeichen dafür ist der „Ich"-Gebrauch: „Ich sehe …", „Ich habe den Eindruck …".
- Sprechen Sie von konkreten Situationen oder Anlässen und vermeiden Sie Verallgemeinerungen wie „immer" und „nie".
- Sprechen Sie von konkretem Verhalten in bestimmten Situationen und vermeiden Sie, den Eltern oder den Kindern negative Eigenschaften zuzuschreiben.

- Bleiben Sie beim Thema, sprechen Sie vom Hier und Jetzt. Vermeiden Sie es, auf vergangene Ereignisse oder frühere Beobachtungen zurückzugreifen.

4.1.4 Wie können Sie auf die Aussagen der Eltern reagieren?

Kommunikation ist ein wechselseitiger Vorgang, bei dem die Beteiligten in Kontakt treten und gleichzeitig aufeinander Einfluss nehmen. Es findet ein Austausch von Mitteilungen und eine wechselseitige Beeinflussung statt. Ein Gespräch wird sich erst dann entwickeln können, wenn Sie auf Äußerungen der Eltern positiv eingehen. Ansonsten besteht die Gefahr, dass das Gespräch nicht weitergeht und es bei einer ersten Äußerung der Eltern bleibt.

Nehmen die Eltern das Gesprächsangebot an und beginnen, von ihren Eindrücken und Wahrnehmungen und vielleicht sogar von ihren Schwierigkeiten und Sorgen zu berichten, kommt Ihnen als Zuhörerin bzw. Zuhörer eine wichtige Rolle zu. Durch die Einhaltung einiger Regeln können Sie den Eltern Ihr Interesse an einem gemeinsamen Gespräch signalisieren und den Austausch aufrechterhalten. Für ein positives Eingehen auf das Gegenüber haben sich folgende Gesprächsregeln als förderlich erwiesen:

- genau zu erfassen, was der andere meint,
- dem Gegenüber zurückzumelden, dass verstanden wurde, was er gesagt hat, und
- dem Gegenüber positive Konsequenzen für seine direkten Äußerungen zu bieten.

Zeigen Sie durch aufnehmendes Zuhören Interesse

Signalisieren Sie den Eltern durch Gesten wie Nicken, Blickkontakt und eine zugewandte Körperhaltung, dass Sie aufmerksam zuhören. Es kann sein, dass es den Eltern unangenehm und fremd ist, mit jemandem über die familiäre Situation zu sprechen, daher sollte der Blickkontakt nicht ständig aufrechterhalten werden. Ein immer wieder unterbrochener Blickkontakt macht es den Eltern leichter, weiterzuerzählen und signalisiert gleichzeitig, dass Sie den Erzählungen folgen. Kurze Einwürfe, wie „mhm“ oder „aha“, verstärken dies zusätzlich. Auch durch direkte Ermutigungen und positive Rückmeldungen können Eltern aufgefordert werden, weiter zu erzählen (z. B. „Ich kann jetzt gut verstehen, was Sie meinen“, „Ich würde gerne Ihre Sorgen genauer verstehen wollen“).

Beachten Sie

Aufnehmendes Zuhören praktizieren Sie meist automatisch und dennoch kann es in einigen Situationen hilfreich sein, gezielt darauf zu achten. Insbesondere bei psychisch erkrankten Eltern kann ein Gespräch mit Ihnen eine große Unsicherheit auslösen. Durch ein gezieltes aufnehmendes Zuhören geben Sie ihnen die Sicherheit, weitererzählen zu dürfen und gehört zu werden.

Klären Sie, ob Sie das Gesagte richtig verstanden haben

Im gemeinsamen Gespräch besteht immer die Gefahr, dass die Eltern nicht das aufnehmen, was Sie Ihnen mitteilen möchten, sondern Ihre Aussagen anders verstehen. Um dies zu verhindern, ist es hilfreich, während des Gespräches einzelne Äußerungen nochmals zusammenzufassen und den Eltern zurückzumelden (z. B. „Sie sagten gerade, dass es Ihnen in den letzten Tagen schwergefallen ist, Sarah pünktlich zu wecken, weil Sie morgens sehr müde sind. Habe ich Sie da richtig verstanden?“).

Sie erhalten dadurch die Möglichkeit zu überprüfen, ob Sie die Eltern richtig verstanden haben. Darüber hinaus signalisiert eine solche Zusammenfassung Aufmerksamkeit und Wertschätzung.

Melden Sie den Eltern Ihr eigenes Gefühl zurück

Die Erzählungen der psychisch erkrankten Eltern können für Sie als Zuhörerin oder Zuhörer emotional sehr bewegend sein. Durch eine Rückmeldung dieser Gefühle drücken Sie Ihre Wertschätzung und Anteilnahme an dem Gesagten aus und verdeutlichen, dass Sie die Situation und Schwierigkeiten nachvollziehen können (z. B. „Ich stelle mir gerade vor, wie schwierig es für Sie ist, Ihre Tochter regelmäßig in den Kindergarten zu bringen, wenn es Ihnen schlecht geht und Sie sich morgens kaum aufraffen können").

Anschließend sollten Sie eine Zusammenfassung über das Gesagte geben, um abzusichern, ob Sie die Eltern auch richtig verstanden haben.

Sprechen Sie am Ende des Gespräches Anerkennung für das Vertrauen aus

Psychisch erkrankte Eltern unterscheiden sehr genau, mit wem sie über die familiäre Situation sprechen, wem sie ihre Sorgen und Nöte anvertrauen möchten. Es ist also ein großes Zeichen von Vertrauen, wenn sie sich Ihnen gegenüber öffnen. Dies sollte unbedingt wertgeschätzt werden. Indem Sie sich ausdrücklich für das Vertrauen und das Gespräch bedanken, signalisieren Sie, dass Sie wahrgenommen haben, welchen Mut und welche Überwindung das Gespräch eventuell gekostet hat (z. B. „Das ist sicherlich nicht einfach darüber zu sprechen. Ich bewundere Ihren Mut, so offen über die Krankheit und Ihre Sorgen, die Sie sich um Ihre Kinder machen, zu sprechen. Danke für das Vertrauen, das Sie mir damit entgegenbringen").

Indem Sie sich für das Gespräch bedanken und deutlich machen, dass Sie auch in Zukunft ein offenes Ohr für die Eltern und das Kind haben werden, kann das Gespräch gut beendet werden.

Merke

Die Beachtung dieser Gesprächsregeln ist für die Rolle des Zuhörers bzw. der Zuhörerin sehr hilfreich. Sie vermitteln dadurch Gesprächsbereitschaft und Interesse am Leben und der Entwicklung des Kindes und machen deutlich, dass Sie sich sorgen und Hilfe anbieten möchten. Die Eltern erhalten dadurch das Gefühl, dass ihre Sichtweisen gehört und wertgeschätzt und sie als gleichberechtigte Gesprächspartner betrachtet werden.

4.1.5 Welche persönliche Einstellung haben Sie gegenüber psychischen Krankheiten?

Durch die Einhaltung dieser Regeln lässt sich eine förderliche Gesprächsatmosphäre herstellen. Ob psychisch erkrankte Eltern wirklich den Mut fassen, über ihre Sorgen um die Kinder und über Erziehungsprobleme zu sprechen, hängt aber eng mit der inneren Einstellung zusammen, die ihnen als Person und ihrer besonderen familiären Situation entgegengebracht wird bzw. die sie bei ihrem Gegenüber wahrnehmen. Psychisch erkrankte Eltern, die in ihrem Umfeld schon häufiger auf Vorurteile gestoßen sind, wenden oft unbewusst die negativen Beurteilungen und damit ihre negative Wirkung gegen sich selbst (z.B. „Ich bin unfähig, mein Kind zu versorgen“ oder „Ich bin eine schlechte Mutter“). Die gegen die eigene Person gerichtete Stigmatisierung wird in der Psychologie als Selbststigmatisierung bezeichnet. Die Selbststigmatisierung sensibilisiert psychisch erkrankte Eltern für die Einstellungen und Haltungen der Gesprächspartner_innen, die sich möglicherweise hinter deren Worte verbergen. Diese Einstellungen und Haltungen werden durch nichtsprachliche Signale wie Mimik, Gestik und Körperhaltung und nicht durch Worte vermittelt (Lenz, 2019).

Hintergrundwissen: Verbale und nonverbale Kommunikation

Kommunikation umfasst eine verbale und nonverbale Ebene. Auf der verbalen Ebene werden mittels Worte Informationen ausgetauscht, Wissen vermittelt oder Handlungsempfehlungen gegeben: z.B. sagen Sie zu einer Mutter: „Mir ist aufgefallen, dass Sie in letzter Zeit müde und abgeschlagen wirken.“

Auf der nonverbalen Ebene werden über Mimik, Gestik, Körperhaltung zugleich Gefühle, Werthaltungen, Einstellungen, Sympathien übermittelt. Die nonverbale Kommunikationsebene bestimmt, wie die verbale Äußerung zu verstehen ist.

Wenn die Mutter beispielsweise antwortet: „Ja, ich weiß. Ich habe seit einiger Zeit Kopfschmerzen und muss endlich zum Arzt gehen“, kommt bei ihr die Äußerung vermutlich als wohlwollendes Interesse an.

Wenn die Mutter hingegen z.B. abblockt und ärgerlich wirkt, kommt bei ihr die gleiche Äußerung vermutlich als Vorwurf an, hinter dem eine abwertende Haltung steht.

> Die nonverbalen Botschaften stehen sehr viel weniger unter bewusster Kontrolle als die Sprache. Sie drücken daher Werthaltungen, Einstellungen und Gefühle effektiver aus.

Psychisch erkrankte Eltern haben ein feines Gespür für die Haltung und Einstellung der Gesprächspartnerin bzw. des Gesprächspartners gegenüber psychischen Erkrankungen und ihnen als erkrankte Eltern entwickelt. Um ihnen authentisch, einfühlsam und wertschätzend begegnen zu können, ist deshalb eine Auseinandersetzung mit den eigenen inneren Einstellungen gegenüber psychischer Erkrankung und psychisch erkrankten Eltern sehr hilfreich.

Folgende Fragen können Ihnen helfen, sich bewusster mit den eigenen – oftmals tiefverwurzelten – Einstellungen gegenüber psychischer Erkrankung auseinanderzusetzen:

- Welche Vorurteile gegenüber psychisch erkrankten Menschen habe ich gelernt?
- Auf welche Vorurteile gegenüber psychisch kranken Menschen, die Eltern sind, stoße ich in meinem sozialen und beruflichen Umfeld?
- Was würde vermutlich in mir vorgehen, wenn ich psychisch erkranken würde?
- Ertappe ich mich dabei, dass ich psychisch erkrankte Eltern
  - weniger wertschätze als psychisch gesunde Eltern,
  - ihnen weniger glaube als psychisch gesunden Eltern,
  - selbst für ihre Erkrankung verantwortlich mache,
  - und dass ich die Erziehungskompetenz von psychisch erkrankten Eltern infrage stelle bzw. ihnen diese teilweise sogar ganz abspreche?

Neben der grundlegenden Reflexion der eigenen Vorurteile gegenüber psychischer Erkrankung und psychisch erkrankten Eltern sollten Sie sich auch damit auseinandersetzen, welchen Einfluss die Information über die psychische Erkrankung eines Elternteils auf Ihren Umgang mit dem Kind und seinen Eltern möglicherweise haben könnte. Durch folgende Übung soll Ihre Selbstreflexion angestoßen werden:

Übung: Reflexion über eigene Vorurteile

Stellen Sie sich vor, ein Kind erzählt Ihnen scheinbar nebenbei im Pausenhof, dass Mama am Wochenende in die Klinik eingeliefert wurde.

Sie habe viele Tabletten geschluckt und wollte sich umbringen. Papa habe Mama in der Badewanne gefunden und sei sehr traurig. Stellen Sie sich nun die folgende Frage: Wie würde diese Information möglicherweise Ihre Wahrnehmung des Kindes, der Mutter und der Familie beeinflussen?

Beachten Sie

Auch Erzieher_innen und Lehrkräfte sind, wie alle anderen professionell Tätigen, mit den gesellschaftlichen Vorurteilen gegenüber psychischen Krankheiten aufgewachsen und können diese nicht einfach ablegen. Bleiben sie unreflektiert, verbauen wir uns oftmals einen Zugang zu den Sorgen und Nöten psychisch erkrankter Eltern und deren Familien. Es besteht die Gefahr, dass dann Unterstützungsmöglichkeiten und Hilfen für die erkrankten Eltern, für die Kinder und die ganze Familie nicht in Anspruch genommen oder vorzeitig abgebrochen werden.

4.1.6 Was können Sie tun, wenn Eltern nicht oder abweisend reagieren?

Es kann passieren, dass Eltern auf die Mitteilung Ihrer Wahrnehmungen und Eindrücke der Verhaltensänderungen oder Gefühlsäußerungen des Kindes nicht oder vielleicht sogar abweisend reagieren und Ihnen in der Folgezeit aus dem Weg gehen (Brockmann & Lenz, 2016).

Die Gründe für derartige Reaktionen können bei psychisch erkrankten Eltern vielfältig sein, z.B.:

- *Stigmatisierungserfahrungen:* Die Eltern sind schon früher in ihrem sozialen Umfeld auf Vorurteile, Ablehnungen und Abwertungen gestoßen und reagieren deshalb sehr reserviert bzw. abweisend. Die Reaktion dient letztendlich dem Selbstschutz vor möglicherweise weiteren negativen Erfahrungen.
- *Selbststigmatisierungen:* Die Eltern haben die negative Beurteilung aus dem Umfeld übernommen und empfinden sich selbst als schlechte Mutter oder schlechten Vater. Sie befürchten, dass ihnen genau dies zum Vorwurf gemacht wird.

- *Bevormundung und Angst vor Verlust des Sorgerechts:* Die Eltern befürchten, dass Sie das Jugendamt einschalten würden, das ihnen aufgrund ihrer Erkrankung die Kinder wegnimmt oder sich zumindest gegen ihren Willen in die Erziehung einmischt.

Ablehnende oder abweisende Reaktionen der Eltern auf Ihr Gesprächsangebot richten sich daher nicht gegen Sie als Person, sondern sind in der Angst vor Stigmatisierung und Verlust des Sorgerechts sowie der meist sehr wirksamen Selbststigmatisierungsprozesse begründet. Sie sollten die Ablehnung des Gesprächsangebotes zunächst annehmen und die Eltern nicht bedrängen oder gar kritisieren. Jegliche Form des Drucks würde sich negativ auf Ihre Beziehung zu den Eltern auswirken und Verweigerungs- und Rückzugstendenzen verstärken.

Am besten schildern Sie in einer solchen Situation lediglich nochmals Ihre Eindrücke und Wahrnehmung, die Sie veranlasst haben, die Eltern anzusprechen (z.B. „Wie schon gesagt, ich habe den Eindruck, dass sich Thomas in den letzten Wochen sehr zurückzieht und schnell aggressiv wird, wenn etwas nicht so läuft, wie er sich das vorstellt. Wenn Ihnen etwas auffällt, können wir gerne darüber sprechen“).

Durch solche Äußerungen signalisieren Sie den Eltern Ihr Interesse am Kind und an ihnen als Person. Zugleich zeigen Sie sich offen für ein Gespräch. Sie erneuern quasi Ihr Gesprächsangebot, dass bei Bedarf von den Eltern in Anspruch genommen werden kann.

Bei passender Gelegenheit sollten Sie die Eltern nochmals auf Ihre Einschätzungen und Wahrnehmungen ansprechen. Wichtig ist dabei, nicht vorwurfsvoll zu reagieren und sich an die Gesprächsregeln zu halten (vgl. Kapitel 4.1.3).

Wenn die Eltern nicht oder abweisend reagieren, kann es hilfreich sein, Ihre Einschätzungen und Wahrnehmungen zusätzlich mit Kolleg_innen zu reflektieren oder sich an außenstehende pädagogische oder psychologische Fachkräfte zu wenden. Ein Austausch dient dazu, die eigenen Einschätzungen und Wahrnehmungen zu überprüfen (vgl. auch die Ausführungen im Kapitel 4.3).

4.2 Sensibilisieren Sie die Eltern für die Gefühle und Bedürfnisse ihrer Kinder

Bei Belastungen, in Krisen- und Konfliktsituationen fällt es Eltern meist schwer, sich in ihre Kinder hineinzuversetzen, ihre Gefühle und Bedürfnisse ausreichend wahrzunehmen und feinfühlig auf die Signale der Kinder zu reagieren. Das lässt sich nicht nur bei psychisch erkrankten Eltern, sondern z.B. auch bei Eltern in Trennungs- und Scheidungskonflikten beobachten. Bei psychisch erkrankten Eltern kommt hinzu, dass die Schwierigkeiten bei der Perspektivenübernahme häufig auch zum Krankheitsbild gehört, gewissermaßen ein Symptom der Erkrankung darstellt. Die Belastungen im Zusammenhang mit der Erkrankung nehmen die Eltern oftmals so gefangen, dass Sie kein Verständnis mehr für Gefühle und Bedürfnisse ihrer Kinder aufbringen können (Lenz, 2021).

Wir wissen, dass es Eltern dann am besten gelingt, ein feinfühliges Eingehen auf die Gefühle und Bedürfnisse der Kinder zu entwickeln, wenn sie zugleich ermutigt werden, auch ihre eigenen Gefühle und Bedürfnisse wahrzunehmen. Die Fähigkeit zur Perspektivenübernahme setzt gewissermaßen die Fähigkeit zur Selbstreflexion voraus. In der Psychologie spricht man von Mentalisieren, was eine grundlegende Kommunikations- und Interaktionskompetenz darstellt.

Merke

Mit Mentalisieren ist die Fähigkeit gemeint, Gedanken, Gefühle und Bedürfnisse bei anderen (z.B. den Kindern) und bei sich wahrzunehmen und darüber nachzudenken. Mentalisieren bezeichnet also die Fähigkeit zur Fremd- und Selbstwahrnehmung.

Mentalisieren lässt sich durch einfache Fragen anstoßen, die das Ziel haben, die Eltern zum Nachdenken über Gefühle und Bedürfnisse des Kindes und über ihre eigenen Gefühle und Bedürfnisse anzuregen:

- Wie denken Sie, fühlt sich dies für Ihr Kind an?
- Was glauben Sie, ist in Ihrem Kind in diesem Moment vorgegangen?
- Können Sie sich erklären, was Ihr Kind möglicherweise dazu gebracht hat, so zu reagieren?

- Was ist in der Situation in Ihnen vorgegangen? Wie haben Sie sich gefühlt? Welche Gedanken sind bei Ihnen aufgetaucht?
- Können Sie sich erklären, was Sie dazu gebracht hat, so zu reagieren?

Beispiel: Thomas (Fortsetzung von Seite 92 f.)

Thomas wünscht sich seit langer Zeit, endlich seinen Vater kennenlernen zu dürfen. Der Mutter war dieses Gefühl in diesem Ausmaß nicht klar. Sie hat große Angst, Ihren Sohn zu verlieren, und empfindet immer noch große Aggression gegenüber dem Vater ihres Kindes, weil er sie in der Schwangerschaft allein gelassen hat. Sie reagiert zunächst sehr ärgerlich und ablehnend.

Stellen Sie sich vor, Sie würden im Gespräch mit der Mutter folgende Fragen stellen:

- „Was glauben Sie, geht in Thomas vor, wenn er von seinem Vater spricht?“
- „Können Sie sich erklären, was Thomas möglicherweise dazu gebracht hat, so zu reagieren?“
- „Was ist in der Situation in Ihnen vorgegangen? Wie haben Sie sich gefühlt? Welche Gedanken sind bei Ihnen aufgetaucht?“
- „Können Sie sich erklären, was Sie dazu gebracht hat, so zu reagieren?“

Solche Fragen vermitteln Empathie: Sie versuchen, die Welt durch die Augen der Eltern zu sehen, und Sie drängen ihnen nicht Ihre Sichtweise auf, sondern regen ein Nachdenken über Gefühle und Bedürfnisse an und eröffnen Möglichkeiten, Wege für das Kind und sich selbst zu finden.

Durch solche Fragen werden die reflexiven Kompetenzen der Eltern gefördert. Sie werden damit in die Lage versetzt, ihre Vorbildfunktion für die Kinder beim Erwerb reflexiver Fähigkeiten besser erfüllen zu können (vgl. Kapitel 2.4). Wie bereits erwähnt, werden in der Psychologie *Selbstreflexion, Selbstregulation* und *Perspektivenübernahme* als reflexive Fähigkeiten bezeichnet. Die resilienten Kinder, die in der in Kapitel 2.4 genannten amerikanischen Studie diese reflexiven Fähigkeiten aufwiesen, hatten mindestens eine elterliche Bezugsperson erlebt, die über die Fähigkeit zur Selbstreflexion, Selbstregulation und Perspektivenübernahme verfügte. Diese Befunde zeigen, dass Eltern und wichtige erwachsene Bezugspersonen für Kinder wichtige Vorbilder für den Erwerb reflexiver

Fähigkeiten darstellen und diese Fähigkeiten bereits in der frühen Kindheit gefördert werden können.

4.3 Suchen Sie den fachlichen Kontakt zu anderen Fachleuten

Es gibt eine Vielzahl an Situationen, die Ihnen im beruflichen Alltag begegnen und Ihnen Anlass geben können, sich mit Fachleuten in Verbindung zu setzen und diese um Rat zu fragen:

Beispiele

- Sie beobachten seit einiger Zeit auffällige Veränderungen im Verhalten des Kindes und/oder merken, dass sich das Verhalten der Mutter oder des Vaters in letzter Zeit Ihnen gegenüber oder dem Kind gegenüber deutlich verändert hat. Sie vermuten eine psychische Belastung oder vielleicht sogar eine psychische Erkrankung bei dem Elternteil. Sie sind unsicher, ob und wie Sie die Eltern ansprechen sollen oder Sie fragen sich, ob Ihre Bedenken übertrieben sind und was eventuell passieren könnte, wenn Sie die Mutter oder den Vater mit Ihrer Einschätzung konfrontieren würden.
- Sie haben die Mutter oder den Vater – vielleicht sogar schon mehrmals – auf das veränderte Verhalten ihres Kindes angesprochen. Die Eltern wiegeln Ihre Beobachtungen und Eindrücke ab, indem sie Erklärungen und Entschuldigungen anbringen, die Ihnen aber nicht stimmig erscheinen. Sie sehen darin eher Ausflüchte und Beschwichtigungen.
- Eltern reagieren auf Ihre Beschreibungen und Einschätzungen ablehnend und aggressiv-abweisend. Sie werfen Ihnen vor, dass Sie sich in familiäre oder persönliche Angelegenheiten einmischen. Es würde Sie überhaupt nichts angehen, wie sie ihr Kind erziehen. Nach solchen Auseinandersetzungen gehen Ihnen die Eltern ganz gezielt aus dem Weg.
- Aufgrund Ihrer Beobachtungen, die über einen längeren Zeitraum laufen und/oder aufgrund der Stärke der Auffälligkeiten beim Kind, befürchten Sie negative Auswirkungen auf die Entwicklung des Kindes und eine Gefährdung des Wohlergehens des Kindes.

Sie überlegen, ob hier nicht ein Fall von Kindeswohlgefährdung vorliegt und Maßnahmen zum Schutz des Kindes eingeleitet werden sollten. Sie fragen sich aber auch, ob Ihre Wahrnehmungen und Schlussfolgerungen nicht zu einseitig sind.

- Eltern kommen auf Sie zu und fragen nach Ihrer Einschätzung der Auffälligkeiten oder Verhaltensänderung des Kindes. Sie suchen Rat, was sie tun sollten oder wohin sie sich wenden könnten, weil Sie sich Sorgen um ihr Kind machen. Sie sind sich unsicher, welche Art der Hilfe und welche Einrichtung für die Familie am besten geeignet ist.

Diese beispielhaften Situationen, mit denen Sie im beruflichen Alltag konfrontiert werden können, werfen Fragen auf, wie z.B.:

- Sind meine Wahrnehmungen und Einschätzungen begründet oder täusche ich mich vielleicht?
- Wie kann ich bzw. sollte ich auf die Eltern reagieren?
- Wie sollte ich in der Situation mit den Eltern umgehen?
- Was kann ich den Eltern raten?

4.3.1 Wo können Sie fachliche Unterstützung bekommen?

Wenn Sie unsicher sind, ob Ihre Wahrnehmungen und Einschätzungen bezüglich des kindlichen Verhaltens begründet sind, wie Sie am besten auf die Eltern reagieren und was Sie ihnen raten können, sollten Sie sich fachliche Unterstützung durch andere pädagogische oder psychologische Fachkräfte holen. Ein fachlicher Austausch mit einer außenstehenden Person ermöglicht eine Überprüfung der eigenen fachlichen Position und Meinung und gibt Ihnen eine größere Sicherheit im Umgang mit den Eltern. Auf diese Weise werden Wege deutlicher, wie Sie den Eltern begegnen können und Sie erhalten Anregungen, welche Hilfen für das Kind und die Familie geeignet und notwendig sind.

Beachten Sie

Ein Austausch mit anderen Fachkräften erfordert keine Entbindung von der Schweigepflicht durch die Eltern. Sie verletzen nicht Ihre

Schweigepflicht, wenn Sie Ihre Beobachtungen, Vermutungen, aber auch familiäre und soziale Hintergründe darstellen, ohne dabei persönliche Daten zu nennen, die eine Identifikation der betreffenden Personen oder der Familie ermöglichen würden.

An welche Fachkraft bzw. Einrichtungen Sie sich als Erzieher_in oder Lehrkraft wenden können, um sich selbst Unterstützung und Beratung zum Umgang mit psychisch erkrankten Eltern und ihren Kindern zu holen, ist von Region zu Region und Ort zu Ort unterschiedlich. Oftmals bestehen bereits Kontakte zu anderen qualifizierten Fachkräften, die sich für dieses Anliegen aktivieren lassen (Brockmann & Lenz, 2016).

Es ist hilfreich, mit der Einrichtung oder der jeweiligen Fachkraft eine feste Vereinbarung zu treffen, damit bei Bedarf ein fachlicher Austausch und eine Beratung möglichst zeitnah erfolgen können. Besonders bewährt haben sich Vereinbarungen mit Erziehungsberatungsstellen. In den Erziehungsberatungsstellen arbeiten Psycholog_innen, Sozialpädagog_innen, Psychotherapeut_innen und manchmal auch Kinder- und Jugendpsychiater_innen, die über breitgefächerte psychologische, psychiatrische, familientherapeutische und pädagogische Kompetenzen verfügen. Aufgabe dieser Beratungsstellen ist neben den therapeutischen und pädagogischen Hilfen für Kinder und ihre Familien auch die Kooperation mit anderen Institutionen wie Kindergärten und Schulen.

Da Kooperation mit anderen Einrichtungen zu einem festen Aufgabenbereich gehört, verfügen Erziehungsberatungsstellen in der Regel über zeitliche Kapazitäten für Fachberatung in Kindergärten und Schulen. Verknüpft werden kann die Fachberatung mit einer Vor-Ort-Präsenz der Beratungsstelle. Das heißt, Mitarbeiter_innen der Beratungsstelle stehen nicht nur Ihnen als Erzieher_in oder Lehrkraft für Fragen zur Verfügung, sondern bietet in den Räumen der Kindergärten oder Schule für die Eltern in bestimmten zeitlichen Abständen regelmäßig Sprechstunden an. Der Vorteil solcher Sprechstunden vor Ort ist, dass dadurch die Eltern die Mitarbeiter_innen der Beratungsstelle kennenlernen und Informationen über konkrete Hilfen, wie z.B. über Gruppenangebote für Kinder und die Möglichkeit zu Familiengesprächen, erhalten. Wie Erfahrungen mittlerweile zeigen, können über diesen Weg vielfach Ängste und Hemmungen der Eltern vor der Inanspruchnahme von therapeutischen und pädagogischen Hilfen für ihre Kinder abgebaut werden.

4.3.2 Von der Kooperation zur Vernetzung

Aus der Forschung wissen wir, dass sich die psychische Erkrankung der Eltern und die Belastungen der Kinder wechselseitig beeinflussen. In der Psychologie spricht man von einem zirkulären Zusammenhang zwischen elterlicher Erkrankung und Belastungen für die Kinder:

- Eine psychische Erkrankung löst Stress in der Familie aus und belastet die Kinder in besonderer Weise. Die Kinder reagieren z.B. mit Ängsten, Sorgen, Hoffnungslosigkeit und Resignation. Diese Gefühle vermischen sich meist mit Schuldgefühlen, manchmal sogar auch mit Ärger und Wut auf die erkrankten Eltern. Die enge Verflechtung der unterschiedlichen Gefühlslagen führt nicht selten zu Rückzug oder erhöhter Reizbarkeit und Aggressivität bei Kindern.
- Die Probleme ihrer Kinder verstärken die Belastungen der Eltern. Ihre Ängste, Sorgen und Schuldgefühle, den elterlichen Aufgaben nicht gerecht werden zu können, nehmen zu, was sich negativ auf ihre Erkrankung auswirken kann. Eine Verschlechterung der Erkrankung der Eltern verstärkt wiederum die Belastungen und Probleme der Kinder.

Die Familien geraten meist in einen Teufelskreis, in dem sie regelrecht „gefangen" sind (vgl. Abbildung 3).

Dieser zirkuläre Zusammenhang zwischen elterlicher Erkrankung und kindlicher Belastung bzw. Entwicklungsstörung macht deutlich, dass nicht nur das Kind, sondern auch der psychisch erkrankte Elternteil, die Eltern-Kind-Interaktionen und das gesamte Familiensystem in den Blick genommen werden müssen. Um dieser sich selbstverstärkenden Problemeskalation in dem Teufelskreis wirksam begegnen zu können, müssen die Hilfen sowohl auf der Ebene des Kindes als auch auf der Ebene des erkrankten Elternteils, auf der Partnerebene und auf der Ebene der familiären Interaktionen ansetzen. Man ist sich in der Fachdiskussion mittlerweile weitgehend einig, dass kombinierte und aufeinander abgestimmte multiprofessionelle Hilfen erforderlich sind, die sich an der aktuellen Lebenssituation und den individuellen Bedarfen aller Familienmitglieder orientieren und das gesamte Familiensystem stärken und unterstützen:

- Wirksame und nachhaltige Hilfen für die Kinder und die Familie erfordern
  - die Wahrnehmung und Einbeziehung der Lebenssituation als Eltern in die psychotherapeutische Behandlung der erkrankten Eltern und

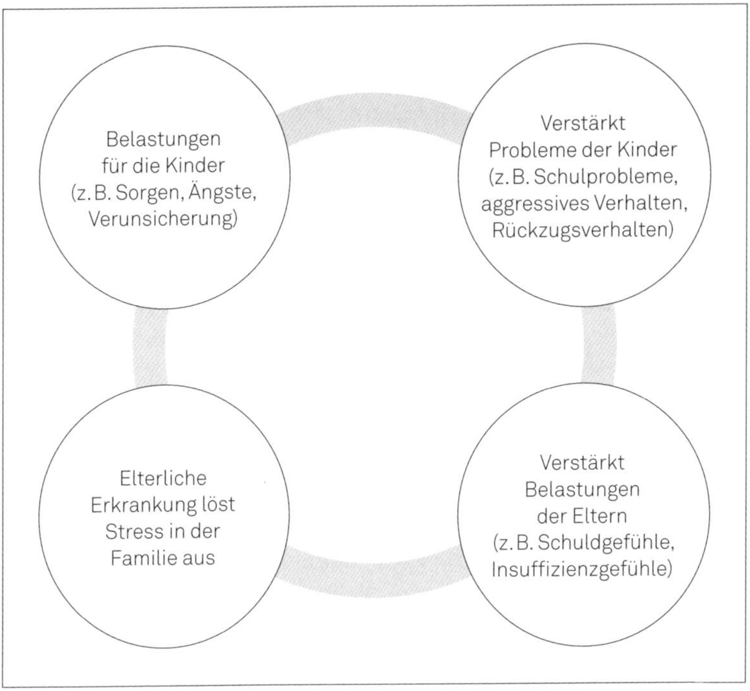

Abbildung 3: Teufelskreis in Familien mit erkranktem Elternteil (Lenz, 2021)

  - die Wahrnehmung und angemessene Einbeziehung der Kinder in die Behandlung der erkrankten Eltern.
- Die behandlungsbedürftigen Kinder benötigen neben der psychotherapeutischen Hilfe – wie auch die nicht behandlungsbedürftigen Kinder in den Familien – je nach elterlichen Krankheitsverlauf sowie familiärer und sozialer Belastung präventive und pädagogische (resilienzfördernde) Hilfen, wie Psychoedukation, Familienberatung, Unterstützung durch Patenschaften, Gruppenangebote, Freizeitangebote oder familienentlastende Angebote.
- Der Hilfe- und Unterstützungsbedarf für die Kinder und die Familie gestaltet sich abhängig von dem Krankheitsverlauf und den psychosozialen Belastungen unterschiedlich:
  - In akuten Krankheitsphasen ist der Hilfebedarf unter Umständen hoch, während in stabilen bzw. gesunden Phasen unter Umständen überhaupt kein Hilfe- und Unterstützungsbedarf besteht.

- Erforderlich ist daher eine hohe Flexibilität in Art und Intensität der Hilfeangebote für die Kinder und Familien sowie schnelle Krisenhilfe in akuten familiären Überforderungssituationen und akuten Krankheitsphasen der Eltern.

Ziel solcher koordinierten Hilfen muss es sein, individuelle und bedarfsgerechte Formen der Unterstützung für die belasteten Familien einzuleiten. Dies erfordert fallbezogene Kooperationen, die zielgerichtet verknüpft und aufeinander abgestimmt sind sowie verbindlich gepflegt und nach Bedarf erweitert werden. Je besser eine inhaltlich-fachliche Abstimmung gelingt, umso wirksamer können Hilfen für Kinder und ihre psychisch erkrankten Eltern gestaltet werden.

Um eine angemessene Hilfe und Unterstützung gewährleisten zu können, ist eine fest verankerte Form der Kooperation zwischen dem Jugendhilfesystem und dem Gesundheitssystem, speziell der Erwachsenenpsychiatrie und -psychotherapie, der Kinder- und Jugendpsychiatrie sowie -psychotherapie, sinnvoll. Die Kooperation zwischen den beiden Hilfesystemen ist entscheidend für eine gelingende Unterstützung der ganzen Familie (Lenz, 2021).

Die Notwendigkeit der Kooperation zwischen Jugendhilfesystem und dem Gesundheitssystem ergibt sich aus deren sich überschneidenden Zielsetzungen und den jeweiligen Aufgaben bzw. Versorgungsaufträgen:

- Jugendhilfe als wohlfahrtsstaatliches Unterstützungssystem zielt darauf ab, positive Lebensbedingungen für Kinder, Jugendliche und junge Menschen und ihre Familien zu schaffen (§ 1 SGB VIII) und Hilfen in Not- und Krisensituationen bereitzustellen. Im Mittelpunkt stehen die Interessen und Bedürfnisse der Kinder und Jugendlichen. Das Kinder- und Jugendhilfegesetz (SGB VIII) spricht vom Kindeswohl (vgl. § 50 Abs. 3 SGB VIII), dessen Gefährdung als Legitimationsgrundlage für Hilfen zur Erziehung oder für staatliche Eingriffe ins elterliche Sorgerecht dient.
- Auftrag der Erwachsenenpsychiatrie und des psychotherapeutischen Versorgungssystems ist Behandlung und Begleitung des erkrankten Menschen. Im Mittelpunkt des psychiatrisch-psychotherapeutischen Versorgungssystems stehen die Krankheit des Patienten bzw. der Patientin sowie seine bzw. ihre Bedürfnisse und Anliegen.
- Kinder- und Jugendpsychiatrie und -psychotherapie befasst sich mit der Diagnostik und Therapie der psychischen, psychosomatischen und

neurologischen Krankheiten bei Kindern, Jugendlichen und Heranwachsenden. Sie befindet sich somit an der Schnittstelle zur Erwachsenenpsychiatrie, allgemeinen Psychotherapie und der Pädagogik.
- Die Frühen Hilfen vereinen auf Prävention ausgerichtete Angebote aus den Sektoren Gesundheit und Kinder- und Jugendhilfe. Die Frühen Hilfen sind für Familien mit Kindern bis zum dritten Lebensjahr zu einer wichtigen Unterstützungsstruktur geworden.

Bundesweit sind in vielen Städten und Regionen in den letzten Jahren Netzwerke „Kinder psychisch kranker Eltern“ entstanden. Ziele solcher fallübergreifenden kommunalen Netzwerke sind, den fachlichen Austausch zwischen Fachkräften aus dem Gesundheits und dem Jugendhilfesystem zu fördern, die Hilfsangebote für die Kinder und die Familien zu koordinieren, sich über mögliche wechselseitige Informationsdefizite und Vorbehalte gegenüber den anderen Einrichtungen zu verständigen und ein gemeinsames Fach- und Fallverständnis zu entwickeln. Um diese Ziele zu erreichen, wurden in den kommunalen Netzwerken interinterdisziplinäre Fortbildungsveranstaltungen durchgeführt sowie „Runde Tische“ oder sogenannte „Interprofessionelle Qualitätszirkel“ eingerichtet.

Welchen Nutzen haben Sie als pädagogische Fachkräfte im Kindergarten und in der Schule von einem Netzwerk „Kinder psychisch kranker Eltern“? Durch die Beteiligung an einem kommunalen Netzwerk erhalten Sie:
- *Informationen über die Aufgaben der verschiedenen Einrichtungen vor Ort.* Die Hilfen im Gesundheitsbereich und in der Kinder- und Jugendhilfe sind sehr vielfältig und regional verschieden. Neben den vertrauten Einrichtungen wie Jugendamt, Erziehungsberatung, Frühförderstelle oder Fachkräften, wie Psychotherapeut_innen und Fachärzt_innen, gibt es mittlerweile z. B. im Bereich der Frühen Hilfen auch spezialisierte Einrichtungen und Beratungsstellen. Dies erschwert es oftmals, den Überblick über die inhaltliche und fachliche Ausrichtung und die Schwerpunkte der einzelnen Einrichtungen zu behalten. Das Netzwerk „Kinder psychisch kranker Eltern“ ermöglicht es Ihnen, die Aufgaben und Zuständigkeiten der Einrichtungen sowie die Mitarbeiter_innen kennenzulernen. Im Netzwerk nehmen in der Regel die Mitarbeiterinnen und Mitarbeiter teil, die innerhalb der jeweiligen Einrichtung für das Thema „Kinder psychisch kranker Eltern“ zuständig sind bzw. sich mit diesem Themenfeld intensiver beschäftigen. Sie können auf diese

Weise Kontakt zu Ansprechpartnerinnen und Ansprechpartner für Ihre Anfragen aufbauen. Das Wissen über die Aufgaben und Zuständigkeiten ist ebenso wichtig wie Kenntnisse über die Grenzen und vielleicht auch gesetzlich festgelegte Handlungsmöglichkeiten der anderen Einrichtungen, da nur so falschen Erwartungen vorgebeugt werden kann und realistische Einschätzungen geschaffen werden.

- *Wissen über Angebote der Einrichtungen.* Mit dem Wissen über bestehende Angebote in Ihrer Stadt bzw. Ihrer Region können Sie den Eltern konkrete Hilfsmöglichkeiten aufzeigen. Sie können psychisch kranke Eltern besser motivieren, Hilfen für ihre Kinder in Anspruch zu nehmen, wenn Sie den Eltern nicht nur die Einrichtung, sondern auch eine Kontaktperson nennen sowie Arbeitsweisen, interne Abläufe, Vorgehensweisen bei Anmeldung und Wartezeiten, etc. beschreiben können. Durch konkretes Wissen über Angebote der Einrichtungen sind Sie in der Lage, auf mögliche Fragen der Eltern bezüglich der Hilfen für ihre Kinder einzugehen. Dadurch lassen sich Ängste, Vorbehalte und Bedenken der Eltern meist ausräumen.
- *Spezielles und vertieftes Wissen zum Thema „Kinder psychisch kranker Eltern".* Durch den gegenseitigen Austausch von fachlichen Informationen, die Behandlung einzelner Themen, wie z. B. gesunde Entwicklung, Resilienz, psychische Erkrankung etc. im Netzwerk haben Sie die Möglichkeit, spezielles und vertieftes Wissen zu erwerben. Sie erhalten Wissen über die Situation von Kindern psychisch kranker Eltern, über ihre Belastungen und die Auswirkungen einer psychischen Erkrankung auf die Entwicklung der Kinder und der Familie als Ganzes. Ein solches Hintergrundwissen macht Sie sicherer in der Einschätzung und Bewertung Ihrer Wahrnehmungen von Verhaltensänderungen bei den Kindern. Es ermutigt Sie auch, die Eltern auf Ihre Wahrnehmungen anzusprechen, weil Sie dadurch eine bessere Vorstellung von psychischen Krankheiten und möglichen Verhaltensweisen entwickelt haben. Häufig werden in den Netzwerktreffen sogenannte anonyme Fallbesprechungen durchgeführt, um anhand eines konkreten Beispiels Schwierigkeiten im Umgang mit den Kindern und ihren psychisch erkrankten Eltern zu diskutieren und z. B. über Verbesserungsmöglichkeiten bei der fallbezogenen Kooperation nachzudenken.
- *Ermutigung, fachliche Kontakte in Anspruch zu nehmen.* Aus der Forschung wissen wir, dass das persönliche Kennen von Fachkräften aus anderen Einrichtungen die Hemmschwelle senkt, bei Fragen und Unsicherheiten auf deren Einschätzung zurückzugreifen. Wenn Sie über

die Netzwerktreffen Mitarbeiter_innen des Jugendamtes oder der Beratungsstelle, Ärzt_innen aus einer Klinik oder Psychotherapeut_innen persönlich kennengelernt haben, fällt es Ihnen leichter, zum Telefon zu greifen, um eine Frage zu stellen, um eine Einschätzung zu bitten oder sich einen konkreten Rat zu holen. Aus der Zusammenarbeit im Netzwerk heraus können feste Vereinbarungen und Absprachen zwischen einzelnen Einrichtungen getroffen werden. Ein Beispiel dafür wären die Vereinbarungen zwischen einem Kindergarten oder einer Schule und einer Beratungsstelle mit dem Ziel einer regelmäßigen Fachberatung für Erzieher_innen oder Lehrkräfte sowie der Einrichtung einer Sprechstunde vor Ort für die Familien.

Die Empfehlung an Kindergärten und Schulen kann daher nur lauten, sich an Netzwerken „Kinder psychisch kranker Eltern" aktiv zu beteiligen. Ein Gewinn wird sich erst dann einstellen, wenn eine Mitarbeiterin oder ein Mitarbeiter der Einrichtung regelmäßig an den Netzwerktreffen teilnimmt. Eine personelle Beständigkeit erweist sich als eine wichtige Voraussetzung für das Entstehen offener, vertrauensvoller Beziehungen im Netzwerk. Es hat sich bewährt, wenn sich eine Fachkraft im Kindergarten oder in der Schule mit dem Thema „Kinder psychisch kranker Eltern" besonders befasst und als Expertin bzw. Experte die Informationen und fachlichen Inhalte aus dem Netzwerk an die Kolleg_innen weitergibt und sich für diese darüber hinaus auch als die Brücke zu den Mitarbeiter_innen in anderen Einrichtungen anbietet – genauso wie sie für diese als Kontaktperson zur Verfügung stehen sollte.

Erkundigen Sie sich, ob in Ihrer Stadt bzw. Region ein Netzwerk „Kinder psychisch kranker Eltern" besteht. Informationen hierüber erhalten Sie am besten beim örtlichen Jugendamt oder Gesundheitsamt.

Zusammenfassung

- Holen Sie sich im konkreten Einzelfall Fachberatung, um Ihre eigenen Wahrnehmungen zu überprüfen und den Eltern geeignete Ratschläge geben zu können.
- Durch feste Vereinbarungen wird nicht nur die Fachberatung im Einzelfall erleichtert, sondern darüber hinaus lassen sich auch leichter regelmäßige Angebote für die Eltern, wie z. B. eine offene Sprechstunde im Kindergarten, einführen.

- Die Teilnahme am regionalen Netzwerk „Kinder psychisch kranker Eltern“ ermöglicht den Erwerb eines vertieften Wissens über die Thematik, erleichtert die Abstimmung der erforderlichen Hilfen aufeinander und erweitert die Möglichkeiten, Absprachen zu treffen. Der persönliche Kontakt der Fachkräfte untereinander eröffnet darüber hinaus neue Sichtweisen und erleichtert die Zusammenarbeit im Einzelfall.

Anhang

Zitierte Literatur

Brockmann, E. & Lenz, A. (2016). *Schüler mit psychisch kranken Eltern. Auswirkungen und Unterstützungsmöglichkeiten im schulischen Kontext*. Göttingen: Vandenhoeck & Ruprecht. https://doi.org/10.13109/9783666402258.26

Lenz, A. (2014). *Kinder psychisch kranker Eltern* (2., vollständig überarbeitete und erweiterte Auflage). Göttingen: Hogrefe.

Lenz, A. & Wiegand-Grefe, S. (2017). *Kinder psychisch kranker Eltern* (Leitfaden Kinder- und Jugendpsychotherapie, Band 23). Göttingen: Hogrefe.

Lenz, A. (2019). *Ressourcen psychisch kranker und suchtkranker Eltern stärken. Ein Gruppenprogramm zur Prävention von Kindesmisshandlung und -vernachlässigung.* Göttingen: Hogrefe. https://doi.org/10.1026/02816-000

Lenz, A. (2021). *Ressourcen fördern. Mentalisierungsbasierte Interventionen bei Kindern psychisch kranker Eltern und ihren Familien* (2., vollständig überarbeitete Auflage). Göttingen: Hogrefe. https://doi.org/10.1026/03006-000

Mattejat, F. & Lisofsky, B. (Hrsg.) (2014). *Nicht von schlechten Eltern. Kinder psychisch Kranker* (4., korrigierte und ergänzte Auflage). Köln: Balance Buch + Medien.

PsychotherapeutenVereinigung e. V. (2020). *Report Psychotherapie 2020.* Verfügbar unter: https://www.deutschepsychotherapeutenvereinigung.de/informationen/verbandspublikationen/report-psychotherapie/

Wortmann-Fleischer, S., Downing, G. & Hornstein, C. (2016). *Postpartale psychische Störungen. Ein interaktionszentrierter Therapieleitfaden.* Stuttgart: Kohlhammer.

Literaturempfehlungen

Kinderbücher

- Gliemann, C. & Faichney, N. (2014). *Papas Seele hat Schnupfen*. Karlsruhe: Monterosa.
  Neles Zuhause ist der Zirkus. Ihre Familie zählt seit Generationen zu den besten Seilartisten der Welt. Doch dann erkrankt Neles Papa an einer Depression. Und das in einer Welt, in der alles bunt und fröhlich ist. Neles Papa, der immer so stark war, wird schwach – vor Neles Augen und denen der ganzen Welt. Nele schämt sich für ihren Papa, sie ist wütend, er tut ihr leid, und sie fragt sich, was wohl ihre Freunde denken. Sie hat viele Fragen, auf die sie keine Antworten weiß. Ihre Mama will sie nicht fragen, weil die auch schon so traurig ist. Zum

Glück gibt es den Dummen August, der Nele erklärt, warum ihr Papa so traurig ist, dass auch die Seele Schnupfen haben kann.

- Gliemann, C. & Faichney, N. (2022). *Papas Seele hat Schnupfen. Ein Muffin für Nele*. Karlsruhe: Monterosa.
  Eine Entdeckungsreise in die Welt der Psychiatrie. Neles Vater geht es wieder schlechter und es folgt ein zweiter Klinikaufenthalt. Nele und ihr Vater schreiben sich Briefe, die Familie besucht den Vater in der Klinik und er erzählt seiner Tochter von seinem Klinikalltag: von den P-Wörtern, was er in der Klinik macht, welche Patienten es gibt, welche Krankheiten dort behandelt werden, usw. Auch Kolumbus, Neles Affe, macht sich in der Klinik auf Entdeckungsreise.

- Maleki, A., Beham, F., Böning, M., Korfmacher, A.-K., Stracke, M. & Wangenheim S. (2019). *Dunkle Farben im Wunderwald*. Göttingen: Hogrefe.
  Die Geschichte handelt von dem Vogel Avi und seinem besten Freund, dem Kobold Muri. Die beiden leben im Wunderwald und gehen gemeinsam in die Waldschule. Doch von einem auf den anderen Tag ist Muri irgendwie anders. Avi versteht nicht, was mit seinem Freund los ist, und es kommt zu einem großen Streit zwischen den beiden. Dank ihrer Lehrerin Frau Bolle gelingt es Muri, sich zu öffnen. Muri erzählt, dass er sich Sorgen um seinen Vater macht. Dem geht es nämlich sehr schlecht und Muri versteht nicht, was genau mit ihm los ist. Mithilfe von Frau Bolle und der Eule als Gefühlsexpertin erfahren die beiden, was eine psychische Krankheit ist und dass diese sich auf die Gefühle, Gedanken und das Verhalten von Muris Vater auswirkt.

- Wunderer, S. (2010). *Warum ist Mama traurig?* Frankfurt: Mabuse.
  Dieses Bilderbuch erzählt in einfachen, kurzen Sätzen die Geschichte von dem kleinen Schaf Lilli und seiner Mutter, die plötzlich sehr traurig ist. Dank der Oma eines Freundes, die erkennt, dass Lillis Mutter Hilfe braucht, beginnt die Schafsmutter eine Therapie. Lilli darf bei ihrem Freund wohnen, bis ihre Mutter wieder bei ihr sein kann. Einfühlsam wird hier auf die Sorgen und Fragen des Kindes eingegangen und deutlich gemacht, dass dem erkrankten Elternteil geholfen werden kann und die Kinder keine Schuld an der Erkrankung tragen.

- von Mosch, E. (2008). *Mamas Monster. Was ist nur mit Mama los?* Köln: Balance Buch + Medien.

Rieke denkt, dass die Mutter böse auf sie sei, weil diese seit Tagen im Bett liegt und nicht mit Rieke und ihrem kleinen Bruder spielt. Als die Mutter ihr erklärt, dass das „Depressions-Monster" Mamas Gefühle geklaut hat und sie nun mithilfe eines Arztes das Monster verscheuchen muss, kann Rieke die Reaktionen und den Rückzug der Mutter besser verstehen. Leicht verständlich wird in diesem Bilderbuch erklärt, was Depressionen sind und was dagegen getan werden kann. Auch hier steht im Vordergrund, dass der erkrankte Elternteil die Verantwortung trägt und dass die Familie viel Geduld aufbringen muss, bis erste Besserungen erkennbar sind.

- Tilly, C. & Offermann, A. (2012). *Mama, Mia und das Schleuderprogramm. Kindern Borderline erklären.* Köln: Balance Buch + Medien.
Dieses Buch richtet sich an Kinder ab einem Alter von 6 Jahren, deren Eltern von einer Borderline-Erkrankung betroffen sind. Mia ist sauer auf ihre Mutter: Immer telefoniert sie, ist traurig oder tut sich weh. „Was ist nur los?", fragt sich Mia. Die Therapeutin der Mutter erklärt ihr, dass Mamas Gefühle wie Wäschestücke in einer Waschmaschine wild durcheinandergewirbelt werden und daher die Mama ihre einzelnen Gefühle gar nicht erkennen kann. Erst wenn das Schleuderprogramm gestoppt wird, kann die Mutter ihre Gefühle wieder sortieren, so wie Wäschestücke auf einer Leine. Sehr anschaulich wird in diesem liebevoll illustrierten Buch das Krankheitsbild der Borderline-Störung erklärt und deutlich gemacht, dass Kinder das elterliche Verhalten verstehen wollen, eigene Gefühle wie Wut und Angst zeigen dürfen und vom erkrankten Elternteil geliebt werden, auch wenn er das so nicht immer zeigen kann.

- Homeier, S. (2006). *Sonnige Traurigtage. Ein Kinderfachbuch für Kinder psychisch kranker Eltern.* Frankfurt: Mabuse.
Dieses Buch für Kinder im Grundschulalter ist in drei Teile aufgeteilt. Der erste Teil erzählt die Geschichte von Mona und ihrer depressiven Mutter: An den „Traurigtagen" ist Monas Mutter immer sehr müde, traurig und kann sich nicht mehr um Mona kümmern. Daher muss Mona an diesen Tagen Mamas Aufgaben übernehmen: einkaufen, putzen und sich um die Mutter kümmern. Im zweiten Teil erfährt Mona, wie der Mutter geholfen werden kann, wo auch Mona Unterstützung bekommt und warum ein Krisenplan für Traurigtage so wichtig ist. Durch direkte Fragen an den Leser wird das Kind dazu angeregt, über die eigene Situation zu sprechen. Eltern und erwachsene Bezugsper-

sonen werden im dritten Teil über die Lebenssituation von Kindern psychisch kranker Eltern und ihren Familien informiert und erhalten wertvolle Anregungen, wie sie die Kinder unterstützen können.

- Trostmann, K. & Jahn, R. (2010). *Der beste Vater der Welt*. Köln: Balance Buch + Medien.
  Dieses Bilderbuch handelt von Nick und seinem Vater. Für Nick ist es beängstigend, als sich sein geliebter Vater plötzlich seltsam und komisch verhält. Gut ist es, wenn früh Hilfe geholt wird und Freunde die Familie unterstützen. Davon handelt dieses Buch. Da jedes Leben, jedes Glück und jede Krankheit anders sind, ist das Buch nicht ganz fertig und nicht überall farbig. Es bietet Platz zum Malen, Kritzeln und für eigene Ideen, was noch alles bei dieser Geschichte passieren könnte. Wichtig ist aber auch, dass in der Familie darüber geredet werden kann, wie es dem Kind geht. Dabei soll dieses Bilderbuch eine Unterstützung sein.

Informationsbroschüren

- Bundesverband der Angehörigen psychisch erkrankter Menschen (BApK) e.V. (Hrsg.) (2009). *Jetzt bin ich dran ... Informationen für Kinder von 8 bis 12 Jahren mit psychisch kranken Eltern.* Bonn: BApK. Verfügbar unter: https://www.bkk-dachverband.de/fileadmin/user_upload/BApK_Jetzt_bin_ICH_dran.pdf

- Bundesverband der Angehörigen psychisch erkrankter Menschen (BApK) e.V. (Hrsg.) (2009). *It's my turn. Informationen für Jugendliche, die psychisch kranke Eltern haben.* Bonn: BApK. Verfügbar unter: https://www.bkk-dachverband.de/fileadmin/user_upload/BApK_It_s_my_turn_Final.pdf
  Die Broschüren sollen dazu beitragen, die Aufmerksamkeit für Kinder in Familien mit einem psychisch erkrankten Elternteil zu erhöhen, diesen Kindern altersgemäße Informationen zur Verfügung zu stellen und sie zu ermutigen, für sich selbst Hilfe und Unterstützung einzufordern.

- Bundesverband der Angehörigen psychisch erkrankter Menschen (BApK) e.V. (Hrsg.) (2009). *Nicht von schlechten Eltern ... Informatio-*

nen für psychisch kranke Eltern und ihre Partner. Bonn: BApK. Verfügbar unter: https://www.bkk-dachverband.de/fileadmin/user_upload/BApK_Nicht_von_schlechten_Eltern.pdf
Diese Broschüre soll erkrankten Eltern und ihren Partner_innen den Umgang mit ihren Kindern erleichtern und sie motivieren, sich Hilfe zu holen.

Wichtige Weblinks

www.bag-kipe.de. Auf der Internetseite der Bundesarbeitsgemeinschaft „Kinder psychisch kranker Eltern" finden Sie zahlreiche Informationen zu Einrichtungen in Deutschland, die spezielle Hilfen für betroffene Kinder und Familien anbieten, Veranstaltungen, Literatur und Internetadressen. Auch erwachsene Kinder psychisch kranker Eltern finden hier Hinweise auf spezielle Angebote, wie Selbsthilfegruppen.

www.bke.de. Hilfen für Kinder, Jugendliche und Eltern bieten qualifizierte Fachkräfte in über 1.000 Erziehungsberatungsstellen im gesamten Bundesgebiet. Eine Beratungsstelle ist mit Sicherheit in Ihrer Nähe. Die Bundeskonferenz für Erziehungsberatung (bke) bietet darüber hinaus Beratung für Jugendliche und Eltern über das Internet an. Die Jugendlichen und Eltern können sich auf diesem Weg anonym und kostenlos durch erfahrene Fachkräfte beraten lassen. Auf der Homepage befinden sich ein Verzeichnis der Erziehungsberatungsstellen und Online-Beratungsangebote.

www.bapk.de. Der Bundesverband der Angehörigen psychisch Kranker bietet auf seiner Homepage eine Plattform für die Suche nach Selbsthilfegruppen „Selbsthilfegruppen finden" sowie Kontaktdaten zu „SeeleFon" einer bundesweiten Information und Hilfe durch Telefon- und E-Mail-Beratung. Die Beraterinnen und Berater kommen aus der psychiatrischen Selbsthilfe – sind Angehörige psychisch Erkrankter – und können daher aus eigener Erfahrung viele nützliche Hilfestellungen geben und wissen auch, wie wichtig Mitgefühl und verständnisvolles Zuhören sind.

www.schatten-und-licht.de. „Schatten & Licht" ist eine Selbsthilfe-Organisation zu psychischen Erkrankungen von Müttern in der Zeit um die

Geburt. Die Website richtet sich an schwangere Frauen oder Mütter von Säuglingen und Kleinkindern, die psychisch erkrankt sind. Neben Hintergrundinformationen zu Krankheitsbildern, Ursachen und Hilfemaßnahmen findet man hier eine umfangreiche Liste von Fachleuten, die fachlich fundierte Beratung und Therapie für die betroffenen Mütter anbieten.

www.marce-gesellschaft.de. Die Marce-Gesellschaft ist eine internationale Fachgesellschaft, die sich mit Schwangerschaft und Geburt verbundenen psychischen Erkrankungen beschäftigt. Schwerpunkte der Arbeit sind die Erweiterungen der Kenntnisse über psychische Erkrankungen und deren Folgen, die Qualifikation von Fachleuten, die Verbesserung der Versorgungsangebote und die Entstigmatisierung der Erkrankungen, d.h. der gesellschaftlichen Aufklärung über psychische Erkrankungen im Zusammenhang mit Schwangerschaft und Mutterschaft. Auf der Homepage finden sich detaillierten Adressenliste von möglichen Mutter-Kind-Aufnahmestellen bei postpartalen Erkrankungen in Deutschland, Österreich und der Schweiz.

www.netz-und-boden.de. Netz und Boden ist eine Initiative für Kinder psychisch kranker Eltern. Die Website der Initiative enthält Informationen über Krankheitsbilder sowie über die damit verbundenen Belastungen für die Kinder. Privatpersonen und Fachkräfte können über ein Kontaktformular Anfragen für eine persönliche Beratung stellen. Die Initiative bietet auch Unterstützung bei der Planung und konzeptionellen Entwicklung regionaler Angebote für Kinder psychisch erkrankter Eltern an. Darüber hinaus findet man auf der Website einen Überblick über Weiterbildungen, Fachtagungen sowie Literaturhinweise, Internetadressen, Filme und Materialien zum Herunterladen.

Buchtipps

Margarete Bolten / Christian Günter Schanz / Monika Equit
Ratgeber Bindungsstörungen
Informationen für Eltern, Lehrkräfte und weitere Bezugspersonen

(Reihe: „Ratgeber Kinder- und Jugendpsychotherapie", Bd. 30). 2021, 53 Seiten, Kleinformat, € 8,95 (DE) / € 9,20 (AT) / CHF 12.90
ISBN 978-3-8017-2733-8
Auch als eBook erhältlich

Der Ratgeber bietet verständliche Informationen zu Bindungsstörungen. Er liefert einen Überblick über die Erscheinungsformen, die Ursachen, den Verlauf und die Behandlungsmöglichkeiten dieser Störungsgruppe.

Miriam Rassenhofer et al.
Ratgeber Misshandlung und Vernachlässigung
Informationen für Eltern, Lehrkräfte und weitere Bezugspersonen

(Reihe: „Ratgeber Kinder- und Jugendpsychotherapie", Bd. 28). 2022, 64 Seiten, Kleinformat, € 9,95 (DE) / € 10,30 (AT) / CHF 14.50
ISBN 978-3-8017-2712-3
Auch als eBook erhältlich

Dieser Ratgeber beschreibt, welche Formen der Misshandlung und Vernachlässigung es gibt, welche Hinweise auf eine Misshandlung oder Vernachlässigung hindeuten und wie Kinder und Jugendliche davor geschützt werden können.

Sigrun Schmidt-Traub
Kinder liebevoll und konsequent erziehen
Ein Ratgeber für Eltern und Erzieher

2015, 167 Seiten, Kleinformat
€ 17,95 (DE) / € 18,50 (AT) / CHF 24.50
ISBN 978-3-8017-2663-8
Auch als eBook erhältlich

In diesem Ratgeber liegt der Schwerpunkt auf wirkungsvollen, lernpsychologisch untermauerten Erziehungsmethoden, die für Kinder aller Altersgruppen gelten. Eltern und Erzieher erhalten eine detaillierte Anleitung, wie sie diese im Alltag umsetzen können. Zudem wird auf Problembereiche, wie z. B. Geschwisterrivalität, Ordnung und Medienkonsum, eingegangen.

www.hogrefe.com

hogrefe